高峰和尚禪要・語錄

통광 역주

불광출판사

高峰和尙禪要·語錄

1993년 8월 30일 초판 1쇄 발행
2024년 12월 18일 초판 16쇄 발행

저자 고봉원묘 • 역자 제월통광
발행인 박상근(至弘) • 편집인 류지호 • 편집이사 양동민
편집 김재호, 양민호, 김소영, 최호승, 하다해, 정유리 • 디자인 쿠담디자인 • 제작 김명환
마케팅 김대현, 이선호, 류지수 • 관리 윤정안
콘텐츠국 유권준, 김대우, 김희준
펴낸 곳 불광출판사 (03169) 서울시 종로구 사직로10길 17 인왕빌딩 301호
대표전화 02) 420-3200 편집부 02) 420-3300 팩시밀리 02) 420-3400
출판등록 제300-2009-130호(1979. 10. 10.)

ISBN 978-89-7479-156-8 (03220)

값 20,000원

잘못된 책은 구입하신 서점에서 바꾸어 드립니다.
독자의 의견을 기다립니다. www.bulkwang.co.kr
불광출판사는 (주)불광미디어의 단행본 브랜드입니다.

高峰和尚禪要・語錄

서언(序言)

마음이 있으면 법(法)이 있고 법이 있으면 언어(言語)와 문자(文字)가 있기 마련인데 달마(達磨)는 어찌하여 불립문자(不立文字)라 하였는가?

불립문자의 선문(禪門) 안에 선적(禪籍)이 산적(山積)하니 이것은 또 무엇을 뜻하는가?

범성사정(凡聖邪正) 모든 법상(法相)이 니단토괴(泥團土塊) 그것이라 하니 이것은 무엇에 소용(所用)인가?

모든 이론은 회색(灰色)이요, 살아있는 생명(生命)의 황금(黃金) 나무는 푸르르다 하였다.

지리산(智異山) 칠불사(七佛寺) 아자방중(亞字房中)에 제월통광(霽月通光) 선사(禪師)는 즉사즉리(卽事卽理)한 양판화상(兩判和尙)이라 본시(本是) 호학(好學)으로 심입교해(深入敎海)하고 운수납자(雲水衲子)로 소요자재(逍遙自在)하더니, 전화(戰禍)로 폐허된 칠불사(七佛寺) 복원중창(復元重創)에 정력

(精力)을 기울이기 근 20년, 이제는 작복불사(作福佛事)를 마무리하고 환기본처(還其本處)하여 그전 역경원에 있을 때 번역한 선요와 어록을 선여(禪餘)에 다시 손질하여 출간하니 긍경(肯綮)의 묘(妙)에 완숙함을 더한지라 금상첨화(錦上添花)라 할까. 명주재장(明珠在掌)이라 할까. 아무튼 이 역서(譯書)가 세상에 나옴으로 인하여 선림(禪林)에 청량(淸凉)한 선풍(禪風)이 생동(生動)하고 연마(鍊磨)된 고경(古鏡)의 광망(光網)이 대천(大千)의 유연(有緣)을 노록(撈漉)하리라.

마음이 있고 법이 있고 언어문자가 있음을 아는 이는 고기를 잡고 통발을 버리며 손가락을 잊고 달을 볼 것이니 "몽둥이로 달을 치지 말고 야반(夜半)에 날으는 금오(金烏)를 보라."하신 고봉 화상(高峰和尙)의 말씀과 함께 통광 화상(通光和尙)의 구로지공(劬勞之功)을 저버리지 않음이 되리라. 이도써 간략히 서언(序言)에 내(代)하는 바이다.

불기 2537년 10월 3일
해인사 동곡사문(東谷沙門) 일타(日陀)

서(序)

『선요(禪要)』와 『어록(語錄)』은 송말원초(宋末元初)의 고봉원묘 선사(高峰原妙禪師)의 실참실오(實參實悟)에 의한 간화선(看話禪)의 요체(要諦)이며 선문납자(禪門衲子)의 정안(正眼)을 열어주는 지침서(指針書)이다.

이 고봉 선사의 선요와 어록을 국역(國譯)하게 된 것은 70년대 중반에 동국역경원(東國譯經院)에 있을 적에 운허 노사(耘虛老師)를 모시고 월운대강백(月雲大講伯)의 편달(鞭撻)을 받으면서 번역한 것이다. 이 책을 선정하여 번역한 것은 지난 날 선원(禪院)에서 방선(放禪) 여가에 때로 선요를 대한 바 있었는데 그때 받은 감명을 잊지 못한 기연에서 비롯된 것이다. 이 책의 대본은 속장경 122권에 수록된 고봉 화상 선요와 고봉 대사 어록으로 하였다.

6·25 전란으로 전소(全燒)된 지리산 칠불사(七佛寺)의 복원불사(復元佛事)에 나의 모든 정열을 다 바쳐 15~6년간의 장구한 세월을 거쳐서야 겨우 칠불사의 옛 모습을 되찾게 되었으나 이로 인하여 본분사(本分事)에 소홀해지고 교학

또한 소원(疎遠)해진 감이 없지 않다.

　이제 칠불사의 복원불사도 거의 마무리 단계에 와있는 오늘, 지난 날 역경(譯經)에 대한 미련을 버릴 수 없어 다시 옛 초고의 정리를 거듭하고 그 밖의 조사어록(祖師語錄)을 들춰보며 이제는 내면의 삶에 충실하고 본원(本願)을 실현시켜야겠다고 새로운 다짐을 하였다. 그러던 차에 뜻하지 않게 불광출판부의 일을 주관하는 송암(松庵) 스님이 칠불사를 방문하여 같이 차를 마시며 이야기하는 가운데 이의 간행에 대한 필요성을 듣고 상재(上梓:간행)하기에 이른 것이다.

　강원(講院)에서 사집과(四集課) 교재로 배우는 선요는 고봉 선사의 어록 가운데 실참실오의 중요한 어록만을 뽑아 본분납자(本分衲子)의 안목을 열어주는 데 역점을 두었고 또한 문장 하나하나가 선문(禪門)의 어록(語錄)을 보는 데 지침이 되는 바 크지만 고봉 선사의 심오한 살림살이를 두루 엿보기에는 미흡한 점이 없지 않다.

　그러므로 선사의 어록 하권의 염고(拈古)·송고(頌古)·게송(偈頌)·소불사(小佛事)·불조찬(佛祖讚) 등을 모두 보아야 선사의 진면목(眞面目)을 이해할 수 있고 선사의 행장(行狀)과 탑명(塔銘)을 읽다보면 간결한 법어(法語)에서 풍기는 선사의 생애와 자세히 일러주는 자비 속에 살활자재(殺活自在)

한 후학제접(後學提接)의 수안(手眼)이 활발발(活潑潑)하게 드러나 보인다. 자세한 해설은 본 국역서의 해제에서 밝히고 있기에 이에서는 생략한다.

　이번 선요와 어록의 국역을 통하여 단순한 강원 교재의 차원을 뛰어넘어 적극적으로 선사의 사상이 재조명 되어지고 아울러 오늘에 사는 우리들의 정신 세계에 등불이 되었으면 더 바랄 것이 없겠다.

　끝으로 이 책이 간행되기까지 많은 도움을 주신 여러분과 흔쾌히 출판을 허락하여주신 불광회 법주(佛光會法主) 광덕(光德) 스님께 감사를 드리고 아울러 책의 편집을 맡아준 불광출판부 여러분께 고마움을 전하며, 제방(諸方) 모든 이의 질책을 기다리는 바이다.

불기 2537년 1월 15일
지리산 칠불사에서
제월 통광(霽月 通光) 삼가씀

해 제

1. 고봉 선사의 행략(行略)

　선사의 법명은 원묘(原妙)이며, 법호는 고봉(高峰)이다. 속성(俗姓)은 서(徐)씨로서 남송(南宋) 말기인 1238년부터 원대(元代) 초기인 1295년까지 송(宋), 원(元) 교체기에 일생을 보냈다.
　선사는 가희(嘉熙) 2년(1238)에 강소성 소주부 오강현(江蘇省 蘇州府 吳江縣)에서 태어났다. 그의 나이 15세에 가화(嘉禾) 밀인사(密印寺)의 법주(法住) 스님에게 출가하여 이듬 해인 보우(寶祐) 1년(1253)에 삭발하고 동 2년(1254)에 구족계(具足戒)를 받았다. 그 이듬 해에 천태교(天台敎)를 익히다가 보우 5년에 옷을 바꾸어 입고(선종과 교종의 옷이 달랐음) 정자사(淨慈寺)에 들어가 3년 사한(死限)을 세워 각고의 정진을 하였다. 개경(開慶) 1년(1259)에 단교묘륜(斷橋妙倫)선사에게 "태어날 때에는 어디에서 오고 죽으면 어느 곳으로 가는가(生從何來 死向何去)"라는 화두와 북간탑(北間塔)의 설암조흠(雪巖祖欽)선사에게 무자(無字)화두를 받음과 동시에 "무엇이 너의 송장을 끌고 왔는가(阿誰與你拖箇死屍來)"라는 화두를 참구 하였다.

경정(景定) 2년(1261) 3월 16일에 일찍이 단교 화상에게서 받은 '만법귀일(萬法歸一)'화두에 의심이 생겨 침식(寢食)을 잊고 참구하다가 3월 22일 오조 법연(五祖 法演) 화상의 영정에 붙인 찬(讚)에 백년 3만 6천일을 반복하는 것이 원래 이 놈이다!(百年三萬六千日 反覆元來是遮漢)라는 구절을 보고서 "송장 끌고 다니는 놈이 무엇인고"하는 화두를 깨쳤으며, 함순(咸淳) 6년(1270)에 함께 잠자던 도반이 목침을 밀쳐 땅에 떨어 뜨리는 소리를 듣고서 크게 깨달은 후 스스로 말하기를 "사주에서 대성인을 뵈온 듯하고 멀리 떠났던 길손이 고향에 돌아온 듯하며, 원래 다만 옛적 그 사람이고 옛 행리처를 바꾼 바 없다"라고 하였다.

그 후 함순(咸淳) 10년(1274)에 선사는 처음으로 쌍계봉(雙髻峰)에서 개당(開堂)하였는데 학인이 운집하여 비좁은 암자에 그들을 모두 수용할 수 없어 빼어난 스님만을 선발하여 머물게 하였다. 그러나 얼마 후 원(元)의 침략으로 학인들이 병란을 피해 흩어지자 선사만이 홀로 남아 문을 닫고서 가부좌한 채 태연자약하였다. 상흥(祥興) 2년(1279)에는 천목산 사자암(天目山 師子巖) 서편 바위 동굴에 자그마한 토굴을 지어 놓고 사관(死關)이라는 방(榜)을 걸고서 삼관화(三關話)로 찾아오는 이들을 감험(勘驗)하였다.

"크게 깨친 사람은 본래 생사를 초월하는 것인데 무엇 때문에 명근(命根)을 끊지 못하는가?"

"부처와 조사의 공안은 다만 하나의 도리인데 무엇 때문에 밝힘과 밝히지 못함이 있는가?"

"대 수행인은 마땅히 부처의 행을 따라야 하는데 무엇 때문에 비니(계율)를 지키지 않는가?"

이러한 삼관화로 물으시어 이에 답하는 말이 맞지 않으면 만나주지 않으셨다.

이와 같이 선사의 수도(修道)와 오도(悟道)는 범인으로서는 생각하기조차 어려운 실참실오였으며 학인의 제접(提接) 또한 대단하였다. 이에 대해서는 홍교조(洪喬祖)가 기록한 행장(行狀)에 잘 나타나 있다.

함순 28년(1291)에 대각선사(大覺禪寺)를 짓고 원정(元貞) 1년 11월 26일 명초(明初)・조옹(祖雍) 등에게 후사를 부탁하고 12월 1일 열반송을 남기고 입적(入寂)하였으니 세수(歲壽) 58세이며 법랍은 43세였다. 열반송은 다음과 같다.

와도 사관에 들어오지 않았고
가도 사관을 벗어나지 않았다.
쇠뱀이 바다를 뚫고 들어가
수미산을 쳐서 무너뜨리도다
來不入死關
去不出死關
鐵蛇鑽入海
撞倒須彌山

　그달 21일 경신일(庚申日)에 사관(死關)의 경내에 선사의 전신(全身)을 모신 부도탑을 세웠다.
　선사의 출가 이후의 생애를 종합하여 보면 크게 4기로 구분할 수 있다.

　1. 순우(淳祐) 12년~보우(寶祐) 4년(15~19세, 1252~1256) 출가하여 사한(死限)을 세우기 전 천태교를 배우던 시기.
　2. 보우(寶祐) 5년~경정(景定) 1년(20~23세, 1257~1260) 사한(死限)을 세워 일생중에 가장 고심어린 정진을 감행하던 시기.
　3. 경정(景定) 2년~지원(至元) 17년(24~43세, 1261~

1280) 용수(龍鬚) 쌍계(雙髻) 두 곳을 중심으로 깨달음을 얻은 뒤 더욱 정진하던 시기.

4. 지원(至元) 18년~원정(元貞) 1년(44세~58세, 1281~1295) 사관(死關)에 들어 갔으며 그 후 학인들을 제접하다가 열반에 든 시기.

이와 같이 선사의 일생은 철저한 실참실오(實參實悟)와 후학제접(後學提接)의 연속이었다. 그는 어지러운 시대를 살았음에도 불구하고 본분(本分)의 소식을 깨달아 사회를 밝히는 등불이 되었다. 뿐만 아니라 제자들을 깨달음의 세계로 인도하는 큰 스승이 되었다.

아래에서는 선사의 문인 제자들에 의해 편집된 어록과 선요를 고찰해보고자 한다.

2. 어록(語錄)과 선요(禪要)의 요의(要義)와 구성

선사의 어록과 선요의 원제(原題)는 '고봉대사어록(高峰大師語錄)上下권·고봉화상선요(高峰和尙禪要) 1권'이다. 또는

'고봉원묘선사어록(高峰原妙禪師語錄)·고봉원묘선사선요(高峰原妙禪師禪要)'라고도 불리운다.

현 속장경(續藏經) 122권에 수록된 고봉대사어록 上下권은 참학문인(參學門人)이 편찬하고 영은 홍례(靈隱弘禮)가 중재(重宰)한 본(本)으로서 부제(副題)는 호주쌍계암법어(湖州雙髻庵法語)이다. 어록의 내용은 법어(法語)·서신(書信)·염고(拈古)·송고(頌古)·게송(偈頌)·소불사(小佛事)·불조찬(佛祖讚)·자찬(自讚) 그리고 선사의 행장(行狀)·탑명(塔銘) 등으로 되어있다.

우리나라의 벽송지엄(碧松智儼) 선사(1464-1534)가 강원교재로 선정한 선요(禪要)는 위의 고봉대사어록 上下권 중 법어·서신을 수록한 上권에서 발췌한 것으로 고봉대사어록 下권은 전혀 수록되어 있지 않다. 본서에서는 이 점을 고려하여 고봉대사어록 하권을 현토하고 번역하였으며 선요와 함께 수록하였다.

선사의 선지(禪旨)는 간화선(看話禪)과 격외선풍(格外禪風)을 주로 하였다. 이는 문자(文字)와 이론(理論)과 사유(思惟)를 초월하여 본래면목을 증오(證悟)하는 정통 선풍인 활구선이다. 선사는 평소 문장의 조박(糟粕)을 일삼지는 않았지만 학인의 제접과 교유관계에 있어서는 문자를 완전히 배제하지도 않았다. 이러한 점은 선사의 내면의 정신세계가 자연스럽게 표출된 법어, 서신 등에서 찾아볼 수 있다.

특히 선사의 염고, 송고, 게송은 고칙(古則)의 심오한 뜻을 간명직절(簡明直截)하게 드러내었을 뿐 아니라 학문적으로도 빼어난 가치를 지니고 있다. 염고는 세존의 천상천하유아독존(天上天下唯我獨尊)의 고칙(古則)으로부터 설두 화상(雪竇和尙)의 시중(示衆)에 이르는 30고칙을 들어 산문(散文)으로 논평(論評)하였고 송고는 염화시중(拈花示衆)에서 오조사감(五祖師鑑)까지 33고칙(古則)에 대한 깊은 선지(禪旨)를 운문(韻文)으로 읊은 게송(偈頌)의 일종이다. 혹은 직설적인 설법투의 게송도 있지만 대체로 운(韻)과 고저 장단이 맞는 시인의 시로서도 손색이 없는 걸작이다.

선사들의 게송은 대체로 4가지로 세분될 수 있다. 법을 보이는 시법시(示法詩), 깨침을 얻고서 오도(悟道)의 경지를 읊은 개오시(開悟詩), 위에서 언급한 송고시(頌古詩), 기연(機緣)을 설하되 전혀 선전(禪典)과 선어(禪語)를 쓰지 않으면서도 선지(禪旨)가 감도는 선기시(禪機詩) 등이 그것이다. 고봉 선사의 게송은 선사다운 직절(直截)한 도풍이 깃든 고매하면서도 혼융(渾融)한 시풍을 갖추고 있어 앞으로 선사의 문학성 또한 고구(考究)되어야 할 문제로 지적되는 바이다. 그렇지만 여기에서는 선사의 선적(禪的) 종지를 밝히는 데에 주안점을 두어 선사의 어록을 중심으로 그 내용을 고

찰해보고자 한다.

선사의 어록을 살펴보면 평소 실참실오(實參實悟)에 의한 선지(禪旨)가 염고화평(拈古話評) 30수, 송고(頌古) 33수, 그리고 시여법도인(示如法道人) 등 게송(偈頌) 24수, 소불사(小佛事:茶毗) 10수, 찬불조(讚佛祖) 3수, 자찬(自讚) 5수, 행장(行狀) 2편, 탑명(塔銘) 1편 등에 유감없이 나타나고 있다. 물론 이는 그다지 많은 양이라 할 수는 없지만 이로써 선사의 내적 선지를 살펴보기에는 충분하리라고 본다. 여기에서는 염고, 송고 등의 사전적 해설을 배제하고 선사의 선의 종지를 일부분이나마 볼 수 있는 게송 몇 수를 살펴보면서 선사의 일면을 엿보고자 한다.

조주선사의 무자 화두를 송하여 진태위에게 보이다
(頌趙州無字示陳太尉)

맑은 못에 독룡이 천년 동안 서려 있어
산을 무너뜨리고 강을 뒤엎는 걸 그 누가 보랴.
당장 한 칼로 두 동강이를 내니
허공이 부서지고 뼈마저 말라버렸네.

澄潭千載毒龍蟠　倒岳傾湫誰解看
直下一刀成兩段　虛空粉碎髑髏乾

문도에게 보이다(示徒 二首)

도를 배우는 마음은 맑은 거울과 같으니
가는 티끌이라도 물들면 곧 형체를 잃게 된다.
툭 트이어 본래 모습 비추어 내면
한 줄기 푸른 연기 청산을 감싸도리.

學道之心似明鏡 纖塵才染便忘形
廓然照出娘生面 一簇靑烟鎖翠屛

도 배우기 물 거슬러 배젓기와 같으니
삿대질에 힘기울여 떠내려 가지 마오.
홀연히 발 헛디뎌 몸이 거꾸러지면
차가운 강물 속 조각달을 밟게 되리.

學道如撐逆水舟 篙篙着力莫隨流
忽然失脚飜身去 踏斷寒江月一鉤

이와 같이 어느 게송에서든 선사의 간명직절(簡明直截)한 선미(禪味)와 탈속한 문장을 엿볼 수 있다. 이에 더욱 문장에 뛰어난 게송 한 수를 살펴보면 참으로 선사의 도풍에 못지 않은 시풍을 알 수 있다.

푸른 숲 그늘 짙고 여름 날은 길고 긴데
누대 그림자는 거꾸로 연못 속에 잠겼네.
수정발 흔들리니 미풍이 일어나고
시렁에 가득한 장미꽃 온 사원이 향기롭다

綠樹陰濃夏日長 樓臺倒影入池塘
水晶簾動微風起 滿架薔薇一院香

 이는 위산(潙山) 스님의 수고우화두(水牯牛話頭)에 대한 게송이다. 선지(禪旨)를 밝힌 게송일 뿐 아니라 사원의 여름 정경을 묘사한 한 시인의 시(詩)로 착각할 만큼 완벽한 시세계(詩世界)를 밝혀준 작품이다. 이는 진정 시인으로서는 전혀 추종하기 어려운 일면이기도 하다. 그러나 선사의 본분에서 보면 이러한 선시(禪詩)는 한낱 군더더기에 불과할 뿐이지만 선사의 심오하고도 유현(幽玄)한 선문 조관(禪門 祖關)의 살활자재(殺活自在)한 기용(機用)과 종횡무진한 도법(道法)은 이러한 게송과 법문을 통해서 학인들에게 전해졌고 깨침의 길을 열어 주었다.
 염고(拈古) 송고(頌古) 등 게송을 담고 있는 어록(語錄)이 선사의 전반적인 일생을 총망라하여 서술한 것이라고 한다면 선요(禪要)는 선사의 법어 가운데에서 참구(參究) 결의

(決疑)에 간절한 부분을 초록(抄錄) 집성한 것이다. 그러므로 이것은 실참실오(實參實悟)의 핵심이 될 뿐 아니라 학인을 제접하는 엄격한 지침이다. 이렇듯 선문의 주요 핵심이 되는 선요에는 개당보설(開堂普說 : 1편) 시중(示衆 : 13편) 결제시중(結制示衆 : 31편) 해제시중(解制示衆 : 21편) 만참(晚參 : 1편) 제야소참(除夜小參 : 2편) 그리고 답직옹거사(答直翁居士) 등 개별적인 지침(4편)과 통앙산화상의사서(通仰山和尙疑嗣書 : 1편) 및 사관(死關)에서 학인을 감험(勘驗)하였던 실중삼관(室中三關 : 1편) 등이 있다.

개당보설은 선사가 몸소 실참(實參)한 경험을 토대로 개당의식에서 설한 법문이기에 선사의 입장에서는 그 어느 법문보다도 비중이 큰 것이며 아울러 선사의 선의 종지(宗旨)가 모두 나타난 설법이라 해도 과언이 아닐 것이다. 그러므로 선요의 개권제일의(開卷第一義)로 삼은 것이다. 어록 상권을 살펴보면 이에 대해 다음과 같이 기록하고 있다.

지원 정해(丁亥 : 1287, 선사의 나이 50세) 겨울, 대중이 선사에게 개당을 청하자 마침내 석실에 나아가 황제의 장수를 빌고 이어 법을 전해 받은 앙산 조흠(仰山祖欽) 스님의 법은(法恩)에 감사한 뒤 법좌에 올라 납승의 물음에 응하였다.

이와 같은 개당의식에 뒤이어 이루어진 어떤 스님과의 선기문답은 선사의 선풍을 유감없이 발휘하였을 뿐만 아니라

만법귀일(萬法歸一) 등의 화두에 의한 깨침을 밝힌 것으로서 이는 선사의 실참임과 동시에 학인에 대한 지침이기도 하다.

선요의 시중법문(示衆法門)은 대부분이 선문 납자를 위하여 고준한 선지를 밝힌 지침서로서 납자로 하여금 대분심(大奮心)과 대의단(大疑團)을 일으켜 용맹정진하도록 격려하는 것들이다.

선(禪)이란 이론과 사유(思惟)가 아닌 실참실오에 있다는 점을 감안하여 보면 선사가 이러한 법문을 통해서 단도직입의 도리를 설파하는 것은 너무나 당연한 일일 것이다. 이와 같은 선사의 마음은 제2의 시중법문에 여실히 잘 드러나 있다.

"참으로 이 일은 결코 쉬운 일이 아님을 알아야 한다. 만일 적실하고 분명하게 증득하려면 탁월한 포부를 지니고 대장부의 뜻을 내어 종전의 나쁜 알음알이나 평생동안 눈으로 본 것과 귀로 들은 것을 죄다 버리고 위태로움과 죽음, 얻음과 잃음, 남과 나, 옳음과 그름, 도달함과 도달치 못함, 사무침과 사무치지 못함 따위를 관계치 말고 크게 분발심을 내어 마치 금강 같은 날카로운 칼로 한줌의 실을 벨 때 한 번 베면 모두 끊어져서 그 후에는 다시 이어지지 않는 것과 같이 하면…… 차를 마셔도 차 마시는 줄 모르고, 밥을 먹어도 밥 먹는 줄 모르고, 다녀도 다니는 줄 모르고…… 이러한 경지에 이르면 갑자기 손과 발이 미끄러져서 마음 꽃이 단박 피어 시방세계를 훤히 비춤이 마치 밝은 해가 하늘에 뜬 것 같으며 맑은 거울이 경대에 놓인 것 같아서 찰나에 정각을 이루게 되리니…… 날 듯이 자유자재하며 물 뿌린 듯 쇄락하고 씻어 말린 듯 정결하여 하나의 격식에서 벗어나 일없는 참 도인이 될 것이다."

이는 선사의 참 면모를 보인 경책으로서 간명직절한 선풍(禪風)을 깨우쳐 주는 부분이라 하겠다. 이와 같은 유의 시중법문은 앞서 말한 바와 같이 어디까지나 선사의 실참실오의 토대 위에서 학인에 대한 엄격한 책려로서의 간절한 노파심을 가지고 있다. 이는 선사의 시공을 초월한 선삼매의 일면이 자신과 학인의 차별을 넘어서 견성오도(見性悟道)의 궁극적인 목표에 이르고자 하는 구경(究竟)의 경지라 하겠다.

이처럼 선사의 종풍은 납자의 표본이 되기에 손색이 없으므로 일찍이 우리나라에 전래되어 강원 교재의 하나로 채택되어 내려오고 있다. 이에 대해서는 다시 아래에서 고찰해보기로 한다.

3. 선요(禪要)의 전래

송말원초(宋末元初)의 선문 종장(宗匠)의 한 사람이었던 선사의 선요(禪要)가 우리나라 조계선종(曹溪禪宗)의 주요 지침서로 쓰여진 것은 여말선초(麗末鮮初)로 알려지고 있으나 확실한 연대는 고증할 길이 없다. 우리나라에 현존하는 선요 간본(刊本)을 살펴보면 명(明) 건문(建文) 원년(1399. 조선 정종 원년) 지리산 덕기사(智異山 德奇寺)에서 간행한 선요가 가장 오래된 것으로 알려져 있다.

이 본의 간기(刊記)에 의하면, 지정(至正) 18년 무술(戊戌)에 오군(吳郡) 남선(南禪) 운집정사(雲集精舍)의 중간본(重刊本)을 대본으로 한 것으로 되어 있다. 지정 18년 무술(1358)은 고려 공민왕 7년에 해당되는 해로서, 이로 미루어 보면 선요는 고려 공민왕 이후에 우리나라에 전래된 것으로 추측할 수 있다.

선사는 원(元) 성종(成宗) 원정(元貞) 원년(1295) 고려 충렬왕 21년에 입적하였고, 홍교조가 고봉어록을 편찬한 해는 지원(至元)[1] 갑오 중구일(重九日)이다. 이에 동년 10월에

---

1) 지원(至元)은 원(元) 순제(順帝)의 연호인데 이 기간 동안에는 갑오가 없다. 순제는 지원 이후에 지정(至貞)이라는 연호를 사용하였는데 지정갑오는 서기 1354년에 해당된다.

주영원(朱穎遠)은 발문을 썼고, 홍교조는 동년에 어록을 발췌하여 선요를 편집함으로써 어록과 선요는 동시에 완성되었으며, 이는 선사가 입적한 지 60년만에 이루어진 일이었다.

지정(至正) 18년 운집정사(雲集精舍) 중간본은 선요가 개간된 지 겨우 4년 후인 고려 공민왕 7년에 간행되었다. 이 판본이 언제 우리나라에 전래되었는지는 명확하지 않다. 이 판본은 조선 정종 원년(1399)에 덕기사에서 간행되었던 운집정사 중간본의 간행으로부터 41년이 지난 후에 이루어진 것이다.

선요가 언제부터 강원(講院)의 교재 사집(四集)인 도서(都序)·절요(節要)·선요(禪要)·서장(書狀)의 하나로서 정착되었는지는 명확하지 않지만, 조선조의 억불정책으로 폐허가 된 불교의 중흥을 위해 기초를 나섰던 성종조의 벽송지엄(碧松智儼) 선사의 행록(行錄)에 의하면,

초학자를 가르칠 때에는 먼저 선원집(禪源集:都序)과 별행록(別行錄:節要)으로 여실지견(如實知見)을 세우게 하고, 다음엔 선요(禪要)와 어록(語錄:書狀)으로 지견(知見)의 병폐를 말끔히 없애게 하여 활로(活路)를 가리켜 보여주었다고 한 바, 일찍이 고려조의 선교상자(禪敎相資)의 선원제전집도서(禪源諸詮集都序)와 정혜쌍수(定慧雙修)의 지침서로서의

보조어록(普照語錄)인 법집별행록절요병입사기(法集別行錄節要幷入私記)와 간화선(看話禪)의 지침서로서의 대혜어록(大慧語錄)인 서장(書狀)과 이 선요를 합한 강원(講院)의 교재 사집(四集)은 여실지견(如實知見)을 세우는 데에는 도서와 절요를 필요로 하였고, 지견의 병폐를 없애는 데에는 선요와 서장을 지침으로 하였음을 알 수 있다.

이와 같이 벽송지엄 선사의 사집(四集)의 확립에 의해서 한국 불교 조계종은 사상의 체계확립과 지도이념이 재정리 되었음은 말할 나위 없으며, 4집의 대대적인 보급으로 선요의 간행은 날로 증대되어 갔다. 따라서 조선조에 이르러 12종의 판본과 2종의 주석서가 나오게 되었다.

판본은 아래에 열거한 바와 같다.

1. 덕기사본(德奇寺本)

    건문(建文) 원년(1399. 조선 정종 원년) 지리산 덕기사 간행. 이는 앞서 말한 현존의 최초본.

2. 봉서사본(鳳棲寺本)

    홍치(弘治) 4년(1501. 연산군 7년) 가을, 경상도 합천군 가야산 봉서사 간행.

3. 남대암본(南臺庵本)

    가정(嘉靖) 기해(己亥) (1539. 중종 34년) 봄, 지리산 남

대암 간행.

4. 쌍계사본(雙溪寺本)

   가정(嘉靖) 44년(1565. 명종 2년) 가을, 청홍도 은진 불명산(淸洪道 恩津 佛明山) 쌍계사 간행.

   봉서사판 복각(覆刻).

5. 안심사본(安心寺本)

   융경(隆慶) 24년(1570. 선조 9년), 전라도 광주 무등산 안심사 간행.

6. 능인암본(能仁庵本)

   만력(萬曆) 32년(1609. 선조 37년), 능인사 간행. 쌍계사판 복각.

7. 송광사(松廣寺)본

   만력 36년(1613. 선조 41년) 9월, 순천부 조계산 송광사 중간.

8. 석왕사본(釋王寺本)

   숭정(崇禎) 6년(1633. 인조 11년)간행.

9. 천관사본(天冠寺本)

   숭정 7년(1634. 인조 12년)간행.

10. 용장사(龍藏寺)본

    숭정 8년(1635. 인조 13년) 전북 정읍군 용장사 간행.

11. 운용사본(雲龍寺本)

강희(康熙) 20년(1681. 숙종 7년), 울산 원적산(圓寂山) 운용사 간행. 용장사판 복각.
12. 징광사본(澄光寺本)
숭정 후 병인(1686. 숙종 12년), 전남 낙안(樂安) 금화산 징광사 간행. 운용사판 복각.

주석서(註釋書)로는 다음과 같다.

1. 연담 유일(蓮潭 有一)의 선요사기(禪要私記)
2. 백파 긍선(白坡 亘璇)의 선요기(禪要記).

그 외에도 1936년에 간행된 안진호(安震湖) 현토주해(縣吐註解)의 만상회본(卍商會本)과 주석서로서 1968년에 간행된 지관(智冠) 스님의 사집사기(四集私記)가 있다.

이상에서 살펴본 바와 같이 선요는 많은 판본이 있었지만 그 중 안심사본과 남대암본은 현재 전해오지 않는다. 이처럼 판본이 많았다는 사실은 조선조 강원에서 사교입선(捨敎入禪)으로서의 교재로 선요가 중시되어온 것을 말해준다. 따라서 이것의 국역 또한 필연적인 일이라 하겠다.

그러나 오늘날의 참선(參禪)하는 이들이 각고의 정진이 없는 것은 아니지만 떠나가신 선조사(先祖師)의 행적이 멀어짐에 따라서 정로(正路)를 벗어난 일부의 사람이 없지 않고, 여실지견(如實知見)을 세운 뒤에 이를 소제(掃除)해야 하는 공부의 차서가 결여되어 활구선(活句禪)을 떠나, 의리선(義理禪)으로 흐르는 경향도 없지 않다. 지견(知見)을 훌훌 털어버려 시대적 병폐를 개선해야 할 현시점에서 볼 때 벽송지엄 선사의 선요(禪要)의 교재 선택은 더욱 소중한 사실이며, 동시에 고봉 선사 어록에 대한 보다 참된 이해가 필요한 때라 하겠다.

불기 2537년 1월 15일
지리산 칠불선원에서
제월 통광 삼가 씀

차례

서언(序言) 2
서(序) 4

해제 7
  1. 고봉 선사의 행략(行略) 7
  2. 어록(語錄)과 선요(禪要)의 요의(要義)와 구성 11
  3. 선요(禪要)의 전래 20

Ⅰ. 고봉 화상 선요(高峰和尙禪要)

  고봉 화상 선요 서 31
  1. 개당보설(開堂普說) 37
  2. 대중에게 보임(示衆) 50
  3. 직옹 거사 홍신은(直翁居士: 洪新恩)에게 보임 61
  4. 결제 때 대중에게 보임 67
  5. 대중에게 보임 69
  6. 해제(解制)날 대중에게 보임 73
  7. 대중에게 보임 75
  8. 대중에게 보임 83

9. 기한을 정하고 대중에게 보임	85
10. 저녁 법문〔晚參〕	90
11. 신옹 거사 홍상사(洪上舍)에게 보임	92
12. 대중에게 보임	102
13. 결제일에 대중에게 보임	107
14. 대중에게 보임	110
15. 단오〔端陽〕일에 대중에게 보임	113
16. 대중에게 보임	115
17. 이통 상인(理通上人)에게 보임	120
18. 대중에게 보임	122
19. 해제 일에 대중에게 보임	126
20. 대중에게 보임	129
21. 섣달 그믐날 밤 소참(小參)	136
22. 대중에게 보임	144
23. 결제 일에 대중에게 보임	147
24. 대중에게 보임	149
25. 섣달 그믐밤의 소참	153
26. 대중에게 보임	155
27. 직옹 거사의 편지에 답함	160

28. 앙산(仰山) 노화상께 사법(嗣法) 의심함을
    풀어 주는 글 166
29. 실중의 삼관(三關) 175

고봉 화상 선요 발(高峰和尙禪要跋) 177

Ⅱ. 고봉 화상 어록(高峰和尙語錄)

염고(拈古) 185
송고(頌古) 225
게송(偈頌) 259
소불사(小佛事) 271
불조찬(佛祖讚) 279
자찬(自讚) 283

행장(行狀) 291
탑명(塔銘) 317

고봉화상 선요
高峰和尙 禪要

시자 지정 기록(侍者 指正 錄)

●

참학 직옹 거사 홍 교조 편집(參學 直翁 居士 洪 喬祖 編)

●

후학 제월 통광 역주(後學 霽月 通光 譯註)

고봉화상 선요 서

　참선(參禪)은 문자를 세우지 아니하며 닦아 증득함을 말미암지 않는 것으로 종지(宗旨)[1]를 삼는다. 그러나 이미 참구할 수 있다면 거기에는 반드시 요긴함이 있을 것이니 그 요긴함이란 무엇인가. 마치 그물에 벼릿줄이 있고, 옷에 깃이 있는 것처럼 사람들로 하여금 한 번 들어서 곧바로 이룰 수 있게 함이 바로 그것이다. 여러 그물코가 그물 아닌 것은 아니지만 벼릿줄을 버리고 그물코만을 들면 그물이 펴지지 않고, 여러 실오라기가 옷 아닌 것은 아니지만 깃을 버리고 실오라기를 들면 옷이 들려지지 않는다.
　영가(永嘉)[2] 스님이 말하기를 "잎을 따고 가지를 찾는 짓

---

1) 종지(宗旨) : 한 종교의 교의 가운데 가장 긴요한 취지, 곧 종문(宗門)의 오의(奧義). 여기서는 참선의 근원적이고 적실한 진처(眞處)를 말함.
2) 영가(永嘉) : (665~714) 육조(六祖) 혜능(慧能)의 제자. 속성(俗性)은 대(戴)씨, 이름은 현각(玄覺), 자(字)는 명도(明道), 별호(別號)는 일숙각(一宿覺), 시호(諡號)는 무상 대사(無常大師), 또는 진각 대사(眞覺大師). 8세에 출가하여 경론(經論)을 통달하고 특히 천태지관(天台止觀)에 정통(精通)하였는데, 처음 육조를 찾아왔을 때 석장(錫杖)을 든 채 육조의 주위를 3차례 돌고 우뚝서자, 육조가 그에게 묻길 "사문(沙門)이란 위의를 갖춰야 하는데, 어떻게 그처럼 거만한가?"하니 "생사의 일이 크고 무상함

은 나는 하지 않는다."고 하였으니, 가지와 잎은 요긴함이 아니요 근본이 참으로 요긴한 것인데, 도(道)를 배우는 이들이 그 근본을 모르고 있다.

아호(鵝湖)[3] 스님은 말하기를 "요긴함은 본인이 잘 선택하는데 있다."고 하였으니, 바른 길을 선택하여 나아가야 될 것인데, 도(道)를 배우는 이들이 흔히 처음 선택하고 결정하는 데서 잘못되어 결국은 남쪽 월(越)나라로 가려 하면서 수레는 북쪽으로 몰고 있다.

옛 조사(祖師)의 어록(語錄)이 산처럼 쌓여 있어 그 한 토막의 이야기와 한마디 말이 그물의 벼릿줄과 옷의 깃과 같지 않은 것이 없다. 그렇지만 세상은 말세이고 성인과는 멀어짐으로써 거짓이 날마다 불어나 심(心)·의(意)·식(識)이 그것을 좀먹기 때문에 벼릿줄과 깃을 보고서 그물코나 실오

이 빠르기 그지 없습니다"하였다. 육조가 다시 "어찌하여 무생(無生)을 체득하여 무속(無速)을 요달하지 않는가."라고 물으니 "체달하면 곧 무생이요, 요달하면 본래 무속입니다 하였다."이에 육조는 그의 경지에 감탄하여 하루 더 묵고 가라고 만류한 데서 일숙각(一宿覺)이라는 별호(別號)가 붙게 되었다. 육조에게서 인가를 받고, 곧 돌아가서 고향의 용흥사(龍興寺)에 머물렀다. 저술로는 『선종영가집(禪宗永嘉集)』, 『관심십문(觀心十門)』, 『증도가(證道歌)』 등이 있다. '잎을 따고…'는 증도가에서 인용한 것이다. 당 현종(玄宗) 개원(開元) 1년에 49세를 일기로 앉아서 입적하였다.
3) 아호(鵝湖) : (735~818) 마조 도일(馬祖道一)의 제자. 형주(衡州) 수강(須江) 서(徐)씨 집에서 태어났다. 법명은 대의(大義), 시호는 혜각, 법호는 아호, 탑호(塔號)는 견성지탑(見性之塔)이다. '요긴…'은 사(師)의 좌선명(坐禪銘) 첫머리에 나온다.

라기로 잘못 아는 이가 많은 것을 어찌하랴.

우리 스님, 고봉화상께서 쌍봉(雙峰)4)으로부터 서봉(西峰)에 이르기까지 20여 년 동안 이것을 염려하셨기 때문에 부득이하여 사람들에게 적절함을 보이셨다. 그것은 마치 신기한 약은 한 조규(刀圭)5)만으로도 죽은 이를 살려내고 영험한 부적은 한 점 한 획으로도 삿된 기운을 몰아내는 것과 같다. 그러므로 그 신기한 처방과 신비한 주문을 보아 앞으로 도를 배우는 이들에게 벼릿줄과 깃이 되게 하였다.

어떤 이가 말하기를 "새를 잡는 것은 그물코요 벼릿줄이 아니며, 추위를 막아 내는 것은 실오라기요 깃이 아니니, 팔만사천 법문은 문마다 들어갈 수 있으니, 그물코와 실오라기는 과연 쓸모가 없을 것인가."

그에게 답하기를 "부처님께서 말씀하신 법문이 참으로 넓고 커서 끝이 없지만 돌아보건대, 곧 좁고 작은 방편의 한 문을 마련하여 여러 아이들을 불난 집〔火宅〕6)에서 불러내어 대승(大乘)에 들어가게 하셨으니, 이는 그물코와 실오라기를 거두어 벼릿줄과 깃을 삼은 것이다."

---

4) 쌍봉(雙峰) : 천목산(天目山)의 별칭(別稱).
5) 조규(刀圭) : 약을 뜨는 숟가락. 옛날 도량(度量)의 가장 작은 단위로서 매우 적은 양을 비유함.
6) 불난 집〔火宅〕 : 번뇌가 들끓는 중생 세간을 말함. 욕계(欲界), 색계(色界), 무색계(無色界). 법화경 비유품 참조.

그렇다면 벼릿줄인가, 그물코인가, 깃인가, 실오라기인가, 요긴함인가, 요긴함이 아닌가 뛰어난 안목(頂門正眼)을 갖추지 못하면 쉽사리 말할 수 없을 것이다.

교조(喬祖)[7]가 서봉(西峰)의 법석(法席)에 참여한 이후로 스님께서 늘 제자들에게 열어 보이신 법어(法語) 중에서 참구하고 결택(決擇)하는데 간절한 것들을 초(抄)해 모아 선요(禪要)라 이름하고, 이것을 뜻있는 이와 함께 하려 한 지 오래였다.

어느 날, 고소산 영중사(姑蘇永中)[8] 스님[上人]에게 보였더니, 그는 기꺼이 화주를 하여 인쇄에 부치려 하면서 교조에게 서문을 쓰라 했다. 교조는 그 부탁을 받고나서 다시 그에게 말하기를 "스님(高峰=西峰)의 특별히 중요한 법어는 따로 강령(綱領) 밖에 있어 허공[9]뼈 속에 감춰졌는데 형이 인쇄하려 하고 내가 서문을 쓰려하는 것이 모두 될 수 없으니, 다음날 다시 한번 드러내는 것을 기다리자" 하였다.

지원(至元 : 원 세조의 연호) 갑오(1294) 9월 9일
참학 직옹 홍교조(參學直翁洪喬祖) 삼가 씀.

---

7) 교조(喬祖) : 고봉화상의 재가 제자. 성은 홍(洪)씨, 이름은 신은(新恩), 자는 절부(節夫), 법명은 교조, 법호는 직옹(直翁).
8) 영중사 스님[永中上人] : 지현선사(智現禪師). 법명은 지현(智現), 법호는 환주(幻住). 홍교조와 함께 『선요(禪要)』를 간행하였다. 초심인(初心人)에게 필요한 『치문경훈(緇門警訓)』 3편을 편집하기도 함.
9) 허공 뼈[虛空 骨] : 유무(有無)를 초월한 격외(格外)의 소식을 일컬음.

大意 이는 간화선(看話禪)을 요약하여 말한 것으로서, 큰 뜻을 세우고 정진(精進)과 분발(奮發)로 투철하게 현관(玄關)을 타파하여 오도(悟道)의 경지에 이르러야 한다는 점을 서술하고 있다.

高峰和尙 禪要序

參禪은 雖以不立文字하며 不假修證으로 爲宗이나 然이나 旣可參則 必有要라 要者는 何오 如網之有綱하며 衣之有領하야 使人一擧而徑得 其直遂者是也니 萬目이 非不網也로대 捨綱擧目하면 網必不張이요 萬 縷 非不衣也로대 遺領擧縷하면 衣必不振이니라 永嘉云 摘葉尋枝我 不能이라하시니 枝與葉은 非要요 根本이 固要也어늘 學者가 復昧其根 本이로다 鵝湖云 要在當人能擇上이라하시니 擇善而從이 可也어늘 學 者 往往에 差決擇於發軔하야 終適越而北轅이로다 乃至從上祖師의 遺編이 山積하니 一話一言이 固無非綱領이어늘 奈何世降聖遠에 情僞 日滋하야 心意識이 有以蠱蝕之하야 則視綱領爲目縷者 蓋忽忽矣리오 我師高峰和尙이 自雙峰으로 而西峰히 二十餘年을 念此之故로 不獲 已하사 示人剋的하시니 如神藥이 刀圭而起死하고 靈符點畫而驅邪라 故로 有採其奇方秘呪하야 將以爲學徒綱領者로라 或曰 獲禽은 在目 이요 不在綱이며 禦寒은 在縷요 不在領이라 八萬四千法門이 門門可入 이니 目與縷는 果非要耶아 將應之曰 世尊法門이 信廣大無邊이나 顧

乃設爲方便의 狹小 一門하사 使諸子로 出火宅而入大乘케하시니 是는 攝目縷하야 爲綱領耳라 然則綱耶아 目耶아 領耶아 縷耶아 要耶아 非要耶아 末具頂門正眼인댄 未可以易言也니라

喬祖가 預西峰法席以來로 每抄集示徒法語之切於參決者하야 名之曰 禪要라하고 久欲與有志者로 共之러니 一日에 舉似姑蘇永中上人한대 欣然欲募緣鋟梓하야 且俾喬祖로 爲之序어늘 喬祖가 旣已承命하고 復告之曰 師 別有一要語 在綱領外하야 藏之虛空骨中이라 兄欲鋟하고 我欲序나 皆不能이니 尙俟他日에 更作一番揭露하노라 至元甲午重九日에 天目參學直翁洪喬祖는 謹書하노라

1. 개당[1] 보설(開堂普說)

어떤 스님이 물었다.
"시방세계 대중들이 한 자리에 모여
저마다 함이 없는 법을 배우나니
이것이 부처를 선발하는 도량이라.
마음이 공(空)해 급제하여 돌아가네.
방(龐)[2] 거사의 이러한 말에 사람들을 위하는 곳이 있습니까?"
선사(禪師)께서 대답하셨다.
"있느니라."
"필경 어느 구절에 있습니까?"
"첫 구절부터 차례차례 물어라."

---

1) 개당(開堂) : 선종에서 행하여온 신임 주지(住持)의 진산식(晋山式).
2) 방 거사(龐居士) : 마조 도일의 재가 제자. 성은 방(龐)씨, 이름은 온(蘊), 자는 도현(道玄)이다. 당나라 정원 때 석두에게 가서 선지(禪旨)를 배운 뒤 마조에게 가서 묻기를 "만법(萬法)으로 더불어 짝하지 않는 이가 무슨 사람입니까?" 마조가 말하기를 "네가 서강(西江)의 물을 한 입에 마셔버린 뒤에야 일러 주마"했다. 거사는 이 말에 크게 깨쳤다. '시방세계……'는 그의 오도송의 말이다. 한 집안 식구 모두가 도를 깨친 것으로 유명하다.

"어떤 것이 시방세계 대중들이 한 자리에 모인 것입니까?"

"용과 뱀이 뒤섞이고 범부와 성인이 함께 하였느니라."

"어떤 것이 저마다 함이 없는 법을 배우는 것입니까?"

"입으로는 부처와 조사(祖師)들을 집어 삼키고 눈으로는 하늘과 땅을 덮느니라."

"어떤 것이 부처를 선발하는 도량입니까?"

"동쪽과 서쪽이 십만리요, 남쪽과 북쪽이 팔천리이니라."

"어떤 것이 마음이 공(空)해 급제하여 돌아가는 것입니까?"

"움직임에 옛길이 드러나서 쓸쓸한 근기(悄然機 : 이승인 하근기)에 떨어지지 않느니라."

"그렇다면 말씀마다 분명한 진리이고 구절마다 으뜸가는 도리이겠습니다."

"그대는 어디서 보았는가?"

그 스님이 억하고 할(喝)[4]을 하니 선사께서 말씀하셨다.

"몽둥이를 휘둘러 달을 치려 하는구나."

---

4) 할(喝) : 꾸짖는 소리(叱咤聲). 이는 3가지의 의미를 함축하고 있다. 첫째, 대갈일성(大喝一聲)으로 적수(敵手)의 말을 내놓을 틈이 없이 몰아세우는 것. 둘째, 큰 소리로 부르는 소리. 셋째, 종래의 사량 분별을 일할(一喝)에 소진(消盡)하여 언어와 사려가 끊긴 경지에 이르게 하는 데 쓰임. 마조가 맨 처음 썼으며 이 후 임제가 가장 많이 써서 임제할이라고도 한다.

그 스님이 다시 말했다.

"이 일은 그만 두고, 스님께서는 오늘 시방세계 대중들이 모여들어 선불장(選佛場)5)이 열렸으니 필경 어떠한 상서(祥瑞)가 있겠습니까?"

"산하대지(山河大地)와 삼라만상(森羅萬像)과 유정(有情) 무정(無情)이 모두 다 성불하였느니라."

"이미 다 성불하였다면 무엇 때문에 학인은 성불하지 못했습니까?"

"그대가 만일 성불한다면 어떻게 대지(大地)를 성불하게 하겠는가?"

"그러면 학인은 허물이 어디에 있습니까?"

"상주(湘州)의 남쪽이요, 담주(潭州)의 북쪽이니라."

"학인의 참회를 받아 주시겠습니까?"

"절을 하여라."

그 스님이 막 절을 하자마자 선사께서 말씀하셨다.

"사자는 사람을 물고 개는 흙덩이를 쫓느니라."

그리고는 곧 불자(拂子)를 세우고, 대중을 불러 말씀하셨다.

"이것이 바로 선불장(選佛場)이며 마음이 공해 급제하여

---

5) 선불장(選佛場) : 선당(禪堂) 또는 승당(僧堂), 좌당(坐堂)의 이명(異名). 불조(佛祖)를 선출하는 도량이라는 뜻이다.

돌아감이니라. 영리한 사람이 만일 이 속에서 알아차리면 곧 방 거사의 안신입명처(安身立命處)⁶⁾를 볼 것이다. 이미 방 거사의 안신입명처를 보았다면 곧 역대 불조(佛祖)의 안신입명처도 볼 것이며, 이미 불조의 안신입명처를 보았다면 곧 자신의 안신입명처도 볼 것이다. 이미 자신의 안신입명처를 보았다면 여기서 주장자(拄杖子)를 꺾어버리고 바랑(鉢囊)을 높이 걸어두고, 세 개의 서까래(椽木)⁷⁾ 밑의 칠 척 되는 자리에서 쌀알 없는 밥을 먹고 국물 없는 국을 마시며 다리를 쭉 펴고 잠을 자면서 한가롭게 세월을 보낼 것이다. 그러나 만일 종과 상전을 분간하지 못하거나 콩과 보리를 분별하지 못한다면, 어쩔 수 없이 구름을 헤치고 허공에다 한 줄의 상대인(上大人)⁸⁾을 써 놓고 여러 대중들로 하여금 그 본에 의해 고양이를 그리게 하리라.

---

6) 안신입명(安身立命) : 불교의 극치를 말할 때에는 안신(安身) 또는 안심(安心) 이라 하고 유교의 의미로는 입명(立命)이라 한다. 즉 깨달음의 경지를 말함.
7) 세 개의 서까래 밑 7척되는 자리 : 승당(僧堂) 단위의 별칭(別稱). 개인의 참선에 요하는 넓이는 세로 6척 가로 3척으로 서까래 3개, 그리고 6척의 단판(單板)에 길이 1척을 더하여 7척이라고 이름한 데서 붙여진 면적단위를 말함.
8) 상대인(上大人) : 본분화두(本分話頭)를 가리킴. 이는 중국사람들이 어린아이를 안고 어루면서 "상대인(上大人)은 한 몸으로 3070제자를 교화하셨단다. 아가야! 너도 두세 살이 되었으니 어진 일도 하고 예절도 알 수 있다" 라고 한 데서 나온 말로서 상대인(上大人)은 공자를 말함.

산승(山僧)이 옛날 쌍경사(雙徑寺)에 있다가 선당(禪堂)에 돌아간 지 한 달도 채 못되어 문득 잠결에 '만법이 하나로 돌아가니 하나는 어디로 돌아가는고?' 하는 화두가 의심이 났다.

 이로부터 문득 의정(疑情)이 단박 생기어 잠자는 것도 잊고 끼니도 잊었으며 동인지 서인지도 분간하지 못하였으며 밤인지 낮인지도 구별하지 못하였고, 자리를 펴거나 발우(鉢盂)를 펴거나 대소변을 보거나 그 밖의 일동(一動)·일정(一靜)·일어(一語)·일묵(一黙) 등에 이르기까지 전부가 '하나는 어디로 돌아가는고?' 할 뿐이요, 털끝만치도 다른 생각이 없었다. 일부러 조금 다른 생각을 내려 하여도 낼 수가 없었다. 마치 못을 박고 아교로 붙인 것처럼 흔들어도 동하지 않았다. 비록 사람들이 많이 모인 가운데 있어도 한 사람도 없는 것과 같았다. 아침에서 저녁까지, 저녁에서 아침까지 맑고 고요하며 우뚝하고 드높아서 순전히 맑아 티 한 점 없고 일념이 만 년이라 경계도 고요하고 나도 잊었으니 마치 천치와 같고 바보와 같았었다.

 어느결에 엿새째 되던 날, 대중을 따라 삼탑사(三塔寺)⁹⁾에 가서 경을 읽다가 머리를 들어 문득 오조 법연화상(五祖

---

9) 삼탑사(三塔寺) : 지공(誌公)과 달마(達磨)와 오조법연(五祖法演)의 탑이 있는 데에서 붙여진 절이름.

法演和尙)¹⁰⁾의 영찬(影讚)을 보고서 별안간 일전에 앙산(仰山)¹¹⁾ 노화상께서 물으시던 '송장 끌고 다니는 놈이 무엇인고'라는 화두를 확연히 깨치었다. 곧 허공이 무너지고 대지가 꺼져 사물과 내가 함께 없어진 것이 마치 거울이 거울을 비추는 것과 같았다. 그리하여 백장야호(百丈野狐)¹²⁾·구자불성(狗子佛性)¹³⁾·청주포삼(靑州布衫)¹⁴⁾·여자출정(女子出定)¹⁵⁾ 등의 화두를 차례차례 가만히 들어 증험해 보았더니 분명(分明)하지 않은 것이 없었다. 반야의 묘용은 진실로 거짓이 아니었다.

---

10) 오조법연(五祖法演) : (?~1104) 임제(臨濟)하 9세손. 백운(白雲) 수단(守端)의 제자. 속성은 등(鄧)씨. 법명은 법연(法演), 법호는 오조(五祖), 대혜(大慧)의 노스님.
11) 앙산(仰山) : (814~890) 고봉화상의 법사(法師), 조흠(祖欽) 선사를 말함.
12) 백장야호(百丈野狐) : 불락불매(不落不昧)의 화두, 백장 스님(720~814). 속성 왕(王)씨, 법명 회해(懷海), 마조의 제자 이는 "대수행인(大修行人)도 인과(因果)에 떨어지느냐?"는 물음에 "불락인과(不落因果)"라 답하고 오백생을 여우의 몸을 받았는데, 백장의 "불매인과(不昧因果)"라는 말에 여우의 몸을 벗게 되었던 화두.
13) 구자불성(狗子佛性) : 조주무자(趙州無字)라고도 한다. 어떤 스님이 조주 스님에게 개에게도 불성이 있느냐는 물음에 "없다(無)"라고 말한 화두.
14) 청주포삼(靑州布衫) : 어떤 스님이 조주에게 "만법이 하나로 돌아가니 하나는 어느 곳으로 돌아갑니까?" 하니 조주는 "내가 청주(靑州)에 있을 때 베옷 한 벌을 지었는데 그 무게가 7근이더라."고 답한 화두.
15) 여자출정(女子出定) : 부처님 왼편에서 삼매에 든 여인을 문수(文殊)가 출정시키려 했지만 끝내 출정시키지 못하고 망명보살(罔明菩薩)에 의해 출정(出定)했다는 화두.

전에 들었던 '무(無)'자 화두는 거의 3년이 되도록 두 끼
니의 죽과 밥 먹는 시간을 제외하고는 자리에 앉지 않았고
피곤할 때에도 자리에 기대지 않고서 밤낮으로 동쪽과 서쪽
으로 다니고 있었다. 그러나 늘 혼침(昏沈)과 산란(散亂)의
두 마군이와 함께 한덩어리가 되었으므로 갖은 재주를 다
부려도 물리치지 못했었다. 그리하여 이 '무(無)'자 화두에
는 잠깐 동안이라도 힘을 얻어 일념을 이루지 못했다. 친히
깨달은 후 그 병의 근원을 살펴 보았더니 별다른 까닭이 없
고 다만 의정 속에서 공부를 짓지 않은 것뿐이었다. 한결같
이 그저 화두를 들어도 들 때에는 있다가 들지 않으면 문득
없으며, 설령 의심을 일으키려 하여도 손을 쓸 곳이 없었으
며 손을 써서 의심이 이루어지더라도 잠시뿐이고 곧 혼침과
산란의 두 가닥을 면하지 못했었다. 이에 공연히 많은 세월
만 낭비하고 허다한 고생만 하였으나 조금도 진취는 없었다.
 '하나는 어디로 돌아가는고?'하는 화두는 '무'자 화두와는
달라서 우선 의정이 쉽게 생겨 한번 들면 문득 이루어져서
반복하여 생각하거나 일부러 애쓰지 않아도 의심을 내기만
하면 점차 일념이 이루어져서 곧 화두를 든다는 마음까지
없어졌다. 이미 화두를 드는 마음이 없어졌으므로 들 화두도
없어져 온갖 반연을 쉬려 하지 않아도 저절로 쉬어지며 육

창(六窓)[16]을 고요하게 하려 하지 않아도 저절로 고요해져서 가는 티끌만큼도 범하지 않고 단박 무심삼매(無心三昧)에 들어갔었다.

홀연히 죽 먹고 밥 먹을 때에 발우를 향하여 수저를 잡는 때에도 독 안에 달리는 자라와 같아서 두려워하지 않게 되었다. 이것은 이미 경험한 것이요, 결코 속이는 것이 아니다. 만일 한마디라도 사람들을 속인다면 영원히 발설(拔舌)지옥에 스스로 떨어질 것이다.

요즈음 반야를 배우는 보살들이 반드시 이 일대사(一大事)를 밝히려 하여 높은 산 깊은 물도 꺼리지 않고 일부러 와서 서봉(西峰)을 보기도 하며 더구나 제각기 손가락을 태우기도 하고 향을 사루고 계(戒)를 지키고 원(願)을 세우며 이를 갈아붙이고 철석 같은 뜻을 세우는 것이랴.

이미 그러한 지조(志操)와 그러한 지견(知見)이 있다면, 부디 자기의 처음 마음을 저버리지 말고, 부모님들이 그대들의 출가를 허락해주신 마음도 저버리지 말며, 절을 새로 지

---

16) 육창(六窓) : 육창일원(六窓一猿)의 준말. 육창(六窓)은 육근(六根), 일원(一猿)은 심왕(心王)에 비유. 홍은 선사(洪恩禪師 : 마조의 제자)와 앙산혜적(仰山慧寂)의 문답에서 유래한 말. 창문이 6개 달린 방 가운데 원숭이 한 마리가 있었는데, 원숭이는 사람이 부르는 창문 쪽으로 고개를 내밀어 보인다라는 비유로서 마음이란 육감(六感)의 접촉에 의해 응하게 됨을 말한 것임.

어준 신도들의 신심도 저버리지 말고, 국왕과 대신들의 외호해주는 마음도 저버리지 말라. 당장에 큰 신심을 갖추며 당장에 변하여 달라짐이 없이 하며, 당장에 만길되는 절벽에 선 듯이 하며, 당장에 본을 의지하여 고양이를 그리라. 끊임없이 자꾸 그리다가 두 귀가 솟고 무늬가 얼룩진 곳과 심식(心識)의 길이 끊어진 곳과 나와 경계가 다 없어진 곳에 이르면 붓 끝에서 별안간 산 고양이가 펄쩍 뛰어나오리니, 앗(咄)! 원래 온 대지가 곧 선불장이며 온 대지가 곧 자기일 것이다. 그러한 경지에 도달하면 방 거사를 말해 뭣하랴. 설령 삼승십지(三乘十地)[17]의 성인이라도 간담이 서늘하고 혼이 나갈 것이며, 불조〔碧眼黃頭〕라도 몸을 용납할 곳이 없을 것이다.

그렇기는 하나 만일 인천(人天)의 안목을 열어 불조(佛祖)의 큰 도를 선양(宣揚)하려면 다시 자기와 선불장까지를 한데 녹여 한 덩어리를 만들어 백천만억 세계 밖에 던져버리고 몸을 돌리고 걸음을 옮기어 위음왕불(威音王佛=최초의 부처님) 저쪽, 다시 저쪽으로, 한 바퀴 돌아치더라도 다시 와서 서봉에게 모진 방망이를 맞아야 할 것이다.

대중들이여, 이미 자기까지 날려버렸는데 또 무엇으로 방

---

17) 삼승십지(三乘十地) : 성문(聲聞) 연각(緣覺) 보살(菩薩)에 대한 3가지 교법과 52위(位) 가운데 제41에서 제50위까지의 경지를 말함.

망이를 맞겠는가.

　생명을 돌아보지 않는 이가 문득 이런 말을 듣고 뛰어나와 선상(禪床)을 뒤엎고 할(喝)을 하여 대중을 흩어버리더라도 옳기는 참으로 옳으나 서봉 사자암(西峯獅子岩)은 결코 그를 긍정하지 않을 것이다.

大意　이는 개권 제일의(開卷 第一義)로서 본분(本分)을 거양(擧揚)하여 유정무정(有情無情)이 모두 다 본래성불한 도리를 드러내었고 자기가 옛날 체험한 것을 말하여 후인을 계도(啓導)하고, 물아양망(物我兩忘)하여 확철대오(廓徹大悟)하고 구경궁극(究竟窮極)에는 증득했다는 경계에서도 벗어나야 함을 밝힌 강령(綱領)이다.

開堂普說(其一)

　僧이 問十方이 同聚會하야 箇箇 學無爲하나니 此是選佛場이라 心空及第歸라하신 龐居士의 恁麽道 還有爲人處也無잇가 師云 有니라 進云 畢竟에 在那一句니잇고 師云 從頭問將來하라 進云 如何是十方이 同聚會니잇고 師云 龍蛇 混雜하고 凡聖 交參이니라 進云 如何是箇箇 學無爲니잇고 師云 口吞佛祖하고 眼蓋乾坤이니라 進云 如何是選佛場이니잇고 師云 東西 十萬이요 南北 八千이니라 進云 如何

是心空及第歸니잇고 師云 動容揚古路하야 不墮悄然機니라 進云 恁麼則言言見諦요 句句朝宗이니이다. 師云 你가 甚處에 見得고 僧이 喝한대 師云 也是掉棒打月이로다 進云 此事는 且止하고 只如西峰은 今日에 十方이 聚會하야 選佛場開하시니 畢竟에 有何祥瑞니잇고 師云 山河大地와 萬像森羅와 情與無情이 悉皆成佛이니라 進云 既皆成佛인댄 因甚하야 學人은 不成佛이니잇고 師云 你若成佛인댄 爭敎大地로 成佛이리오 進云 畢竟에 學人은 過在甚麼處니잇고 師云 湘之南潭之北이니라 進云 還許學人의 懺悔也無잇가 師云 禮拜着하라 僧이 纔拜한대 師云 獅子는 咬人이어늘 韓獹는 逐塊로다

師乃竪拂하시고 召大衆云 此是選佛場이라 心空及第歸니 怜悧漢이 若向者裏하야 見得하면 便見龐居士의 安身立命處하리라 既見龐居士의 安身立命處인댄 便見從上佛祖의 安身立命處며 既見佛祖의 安身立命處인댄 便見自己의 安身立命處며 既見自己의 安身立命處인댄 不妨向者裏하야 拗折拄杖하며 高掛鉢囊하고 三條椽下와 七尺單前에 咬無米飯하며 飲不濕羹하고 伸脚打眠하야 逍遙度日이어니와 若是奴郎을 不辨하고 菽麥을 不分인댄 抑不得已하야 按下雲頭하고 向虛空裏하야 書一本上大人하야 教諸人으로 依樣畵猫兒去也리라

山僧이 昔年에 在雙徑할새 歸堂未及一月하야 忽於睡中에 疑着萬法歸一一歸何處하니 自此로 疑情이 頓發하야 廢寢忘餐하며 東西不辨하고 晝夜不分하야 開單展鉢과 屙屎放尿와 至於一動一靜一語一默히 總只是箇一歸何處요 更無絲毫異念이며 亦要起絲毫異念이라도

了不可得이 正如釘釘膠粘에 却撼搖不動이라 雖在稠人廣衆中이나 如無一人相似하야 從朝至暮하며 從暮至朝히 澄澄湛湛하고 卓卓巍巍하야 純淸絶點하야 一念萬年이라 境寂人忘에 如癡如兀이러니 不覺至第六日하야 隨衆在三塔하야 諷經次에 擡頭忽睹五祖演和尙眞하고 驀然觸發日前仰山老和尙의 問拖死屍句子하니 直得虛空이 粉碎하고 大地 平沈하야 物我俱忘이 如鏡照鏡이라 百丈野狐와 狗子佛性과 靑州布衫과 女子出定話를 從頭密擧驗之하니 無不了了라 般若妙用이 信不誣矣러라

前所看無字는 將及三載히 除二時粥飯코 不曾上蒲團하며 困時에도 亦不倚靠하고 雖則晝夜에 東行西行이나 常與昏散二魔로 輥作一團하야 做盡伎倆이라도 打屛不去라 於者無字上에 竟不曾有一餉間도 省力成片이러니 自決之後에 鞫其病源하니 別無他故요 只爲不在疑情上하야 做工夫라 一味只是擧하되 擧時엔 卽有하고 不擧엔 便無하며 設要起疑라도 亦無下手處하며 設使下得手疑得去라도 只頃刻間이요 又未免被昏散의 打作兩橛하야 於是에 空費許多光陰하며 空喫許多生受하되 略無些子進趣니라

一歸何處는 却與無字로 不同하고 且是疑情이 易發이라 一擧便有하야 不待返覆思惟計較作意라도 纔有疑情에 稍稍成片하야 便無能爲之心하며 旣無能爲之心이라 所思卽忘하야 致使萬緣으로 不息而自息하며 六窓으로 不靜而自靜하야 不犯纖塵하고 頓入無心三昧라 忽遇喫粥喫飯處에 管取向鉢盂邊摸着匙箸에도 不怕甕中走却鼈이니

此是已驗之方이라 決不相賺이니라 如有一句라도 誑惑諸人이면 自招
永墮拔舌犁耕하리라 現前學般若菩薩이 必要明此一段大事하야 不憚
山高水濶하고 得得來見西峰이어든 況兼各各燃指燃香하야 立戒立願
하며 礪齒磨牙하야 辦鐵石志아

旣有如是操略과 如是知見인댄 切須莫負自己初心하며 莫負父母
捨汝出家心하며 莫負新建僧堂檀信心하며 莫負國王大臣外護心하고
直下에 具大信去하며 直下에 無變異去하며 直下에 壁立萬仞去하며
直下에 依樣畵猫兒去하야 畵來畵去에 畵到結角羅紋處와 心識路絶
處와 人法俱忘處하면 筆端下에 驀然突出箇活猫兒來하리니 囚元來
盡大地 是箇選佛場이며 盡大地 是箇自己라 到者裏하야는 說甚龐
居士리오 直饒三乘十地라도 膽喪魂驚하며 碧眼黃頭라도 容身無地하
리라 然雖如是나 若要開鑿人天眼目하야 發揚佛祖宗猷인댄 更須將
自己與選佛場하야 鎔作一團하야 颺在百千萬億世界之外하고 轉身移
步하야 向威音那邊更那邊하야 打一遭라도 却來喫西峰痛棒이니라 大
衆아 旣是和自己颺了어니 又將甚麽하야 喫棒고 忽有箇不顧性命底
漢子 聞恁麽擧하고 出來하야 掀倒禪床하고 喝散大衆하면 是則固是
나 要且西峰師子巖은 未肯點頭在리라

2. 대중에게 보임(示衆)

　삼세(三世)의 부처님들과 역대의 조사들이 남기신 한마디 말씀이나 반 토막 글귀라도 그것은 오직 중생들이 삼계를 초월하여 생사의 흐름을 끊게 하려는 데 있다. 그러므로 말씀하시기를 "일대사 인연(一大事因緣)을 위하여 세간에 출현했다"고 하셨다. 만일 이 일대사를 논하자면 마치 달리는 말 앞에서 씨름하려는 것과 같고 번갯불빛에 바늘귀 꿰려는 것과 같으므로 그대들의 사량(思量)으로는 알 수 없으며 계교하여 분별할 수도 없다. 그러므로 말씀하시기를 "이 법은 사량분별로는 알 수 없다"고 하신 것이다.
　그렇기 때문에 세존께서 영산회상에서 맨 마지막에 이르러 360골절(骨節)과 8만 4천 털구멍까지를 죄다 드러내 보이시니 백만 대중이 둘러싸 있었건만 아는 이는 오직 가섭(迦葉) 한 사람뿐이었다. 참으로 이 일은 결코 쉬운 일이 아닌 줄 알겠다.
　만일 적실하고 분명하게 증득하려면 탁월한 포부를 지니고 대장부의 뜻을 내어 종전의 나쁜 알음알이[知解]와 기묘한 언구(言句)와 선도(禪道)와 불법(佛法)과 평생동안 눈으로 본 것과 귀로 들은 것을 모두 다 버리고, 위태로움과 죽음과 얻음과 잃음과 남과 나와 옳음과 그름과 도달함과 도달치 못함과 사무침과 사무치지 못함 따위를 관계치 말고 크게 분발심을 내어 마치 금강 같은 날카로운 칼로 한 줌의 실을 벨 때, 한 번 베면 모두 다 끊어져서 그 후에는 다시 이어지지 않는 것과 같이 하면, 당장 마음이 멍하여 뇌곤함〔昏沈〕과 걷잡을 수 없이 들뜬 것〔散亂〕이 말끔하게 없어져 실끝만치도 막히거나 걸림이 없으며 아무런 법도 생각에 걸리지 않음이 마치 갓난아기와 같을 것이다.

차를 마셔도 차 마시는 줄 모르고, 밥을 먹어도 밥 먹는 줄 모르고, 다녀도 다니는 줄 모르고, 앉아도 앉는 줄 몰라 정식(情識)이 단박에 깨끗해지고 계교(計較)가 모두 없어지는 것이 흡사 숨만 남은 시체와 같으며 또는 진흙으로 만든 인형과 나무로 깎아 만든 등상과 같게 될 것이다.

이러한 경지에 이르면 갑자기 손과 발이 미끄러져서 마음 꽃이 단박에 피어 시방세계를 훤히 비춤이 마치 밝은 해가 하늘에 뜬 것 같으며 맑은 거울이 경대에 놓인 것 같아서 찰나에 정각(正覺)을 이루게 되리니, 이 일대사만을 밝힐 뿐 아니라 위로 부처님이나 조사들의 온갖 차별된 법문〔因緣〕을 몽땅 아래 위로 꿰뚫어 알며 불법과 세간법을 한 조각으로 만들어 날듯이 자유자재하며 물 뿌린 듯 쇄락하고, 씻어 말린 듯 정결하여 하나의 격식에서 벗어나 일없는 참 도인이 될 것이다. 이렇게 한번 세상을 뛰어나와야 비로소 평생 동안 참선하려는 뜻과 소원을 저버리지 않는다고 말하리라.

만일 이 생각이 흐지부지하여 시원찮고 뜻이 맹렬하고 날카롭지 못하여 조는 개처럼 멍하거나 도깨비처럼 산란하여 오늘도 그럭저럭 내일도 그럭저럭 지낸다면 설령 20년 30년을 공부하더라도 마치 물이 돌의 표면만 적시는 것 같아서 어느덧 섣달 그믐이 되면 열에 다섯 쌍이 모두 창피한 꼴이 되어 늦게 배우는 이와 처음 출가한 이들에게 존경심을 내지 않게 할 것이다. 이와 같은 놈이 나의 문하에 온다면 천이면 천, 만이면 만 모두 때려죽인들 무슨 죄가 되랴.

오늘 우리 대중들은 모두가 뛰어난 매요, 날쌘 솔개이며 또는 용이나 범 같지 않은 이가 없어서 하나를 들어 말하면 셋을 밝혀내고, 눈대중만으로도 한 푼 한 냥(兩)을 다 가리거늘 어찌 그러한 처신을 하여 그럭저럭 시간을 보내겠는가.

그렇기는 하나 바로 이러한 때를 당하여 필경 무엇을 일대사라 말할 것인가.

말하더라도 그대에게 주장자로 30대 때릴 것이고 말하지 못하더라도 그대에게 또한 주장자로 30대를 때릴 것이다. 왜냐하면 주장자를 한번 내려치고 말씀하시기를 고봉의 문하(門

下)에는 상과 벌이 분명하기 때문이다.

　내가 여기에 와서 24년 동안 늘 병중에 있으면서 의원을 찾고 약을 먹는데 온갖 고생을 다 겪었으나 병이 고황(膏肓)[1]에 깊이 들어 치료할 약이 없는 줄을 누가 알았으랴. 그 후에 쌍경에 이르러 꿈속에서 단교(斷橋)화상[2]께서 주신 약[丹]을 먹고 엿새째 되던 날 뜻밖에도 앙산(仰山) 노화상께 맞았던 독(毒)을 우연히 터뜨리니 당장에 혼이 날아가고 넋이 흩어져서 죽었다가 다시 살아났었는데, 그때 온 몸이 가뿐함이 마치 120근의 짐을 벗어버린 것과 같았다.

　지금 그 약을 대중들에게 널리 보시하노니 그대들이 먹으려면 먼저 육정(六情)·육식(六識)과 사대(四大)·오온(五蘊)과 산하대지(山河大地)와 삼라만상(森羅萬像)을 가져다 죄다 녹여 하나의 의심덩어리를 만들어서 몰록 눈앞에 놔두면 창(鎗) 하나, 깃발(旗) 하나 쓰지 않아도 고요하고 편안한 것이 마치 청평세계(淸平世界)와 같을 것이다. 그렇게 되면 다닐 적에도 의심뿐이고 앉았을 적에도 의심뿐이고 옷입거나 밥먹을 적에도 의심뿐이고 대소변 볼 적에도 의심뿐이고 보거나 듣거나 분별하는 것들에 이르기까지 온통 의심 하나뿐

---

1) 고황(膏肓) : 불치병을 말함. 명치 끝 횡경막에 병이 들면 치유할 수 없다는 데에서 붙여진 이름.
2) 단교화상(斷橋和尙) : 무준사범(無準師範)의 제자. 단교는 법호. 법명은 묘륜(妙倫).

일 것이다. 의심하고 의심함에 그 의심이 힘 덜리는 곳에 이르면 그곳이 곧 힘 얻는 곳이니 의심하지 않아도 저절로 의심케 되며 들지 않아도 저절로 들리어 아침부터 저녁에 이르기까지 머리와 꼬리가 이어져서 한 조각을 이루어 털끝만한 틈도 없게 될 것이다. 흔들어도 움직이지 않고, 쫓아도 가지 않으며 한없이 밝고 신령하여 늘 앞에 나타나 있는 것이 마치 물살을 따라 배를 띄우는 것 같아서 전혀 힘들이지 않게 될 것이니 그것이 바로 힘을 얻는 시절이니라.

그럴 때에 더욱더 정념(正念)을 가다듬어 부디 두 생각을 하지 말고 점점 지혜의 빛을 연마하고 차차 미혹의 습기(習氣)를 도태(淘汰)하여 심오한 이치를 다하고 극미(極微)한 경지에 이르러서는 한 털끝 위에 몸을 두어서 외롭게 뛰어나고 우뚝하게 드높아 움직이지도 않고 흔들리지도 않으며 감도 없고 옴도 없으며, 한 생각도 나지 않아 앞 뒤가 뚝 끊어지면 이로부터 번뇌가 단박 쉬어지고 혼침과 산란이 없어질 것이다. 다녀도 다니는 줄 모르며 앉아도 앉는 줄 모르고, 추워도 추운 줄 모르며 더워도 더운 줄 모르고 차를 마셔도 차 마시는 줄 모르며 밥을 먹어도 밥 먹는 줄 모르고 온종일 어리석은 듯하여 흡사 진흙으로 만든 인형이나 나무로 깎은 등상과 같게 되리라. 그러므로 장벽과 다름이 없다고 하였다. 막 이러한 경계가 앞에 나타나면 바로 집에 이른 소식이라 결코 거리가 멀지 않으니 잘 붙들고 꼭 잡고서 시각(時刻)만 기다리라.

또 이렇게 말하는 것을 듣고 한 생각이라도 정진할 마음을 내어 구하지 말며, 마음으로 깨닫기를 기다리지 말며 한 생각이라도 그대로 두려고 하지 말며, 한 생각이라도 버리려 하지 말고 곧바로 정념(正念)을 굳혀 깨침으로써 법칙을 삼아야 한다.

이러한 경지에 이르면 8만 4천 마구니들이 그대들 6근의 문턱에서 엿보고 있으면서 온갖 기이하고 수승하고 선하고 악한 응험(應驗)의 일들을 그대들 마음에 따라 베풀며, 그대들 마음에 따라 자아내며, 그대들 마음에 따라 구하며, 그대들 마음에 따라 나타내어 하고자 하는 것을 이루어 주지 않는 것이 없을 것이다. 그대들이 문득 털끝만치라도 차별심을 내거나 티끌만치라도 허망한 생각을 내려 하면 문득 그들의 함정에 떨어질 것이며 곧 그들에게 끌림을 당하고 그들의 지휘를 받게 되어, 입으로는 마구니의 말을 하며 마음으로는 마구니의 행을 행하여 도리어 다른 이를 그르다 비방하고 스스로 참된 도(道)라 칭찬할 것이니, 반야의 바른 씨가 이로부터 영원히 없어지며 보리의 종자가 다시는 싹트지 않아 세세생생에 늘 그들의 벗이 될 것이다.

이러한 온갖 마구니의 경계가 모두 자기 마음으로부터 일어난 것이며 자기 마음에서 생긴 것이니 마음을 일으키지 않으면 그가 어찌 하랴.

천태(天台)[3] 스님이 말하기를 "너의 재주는 다함이 있지만 나의 취(取)하지 않는 것은 다함이 없다"고 하였으니 참으로 진실한 말씀이다. 다만 온갖 곳에 얼음처럼 차게 하며, 마음을 평탄하게 하며, 순전히 맑아 티 한점 없게 하며, 일념이 영원히 계속되게 하되 마치 시체를 지키는 귀신과 같이 하여 지켜오고 지켜가다가 의심덩어리가 별안간 탁하고 터지면 하늘을 놀라게 하고 땅을 움직이게 하리니 힘쓰고 힘쓸지니라.

大意 일생 일대사(一大事)의 인연을 해결하기 위해서는 사량(思量)과 분별(分別)을 초월하여 장부의 큰 뜻을 세워 대용맹심(大勇猛心)으로 크게 죽는 자만이 크게 살아날 수 있음을 설파(說破)한 글이다.

---

3) 천태(天台) : (538~597) 천태종의 개창자(開創者). 법명은 지의(智顗). 법호는 덕안(德安). 천태산에 들어가 수선사를 창건하고, 법화경을 중심으로 불교를 통일하여 천태종을 완성함.

示衆(其二)

　三世諸佛과 歷代祖師의 留下하신 一言半句라도 唯務衆生이 超越三界하야 斷生死流라 故로 云 爲一大事因緣하야 出現於世라하시니 若論此一大事인댄 如馬前相撲하며 又如電光影裡에 穿針相似하야 無你思量解會處하며 無你計較分別處라 所以로 道하되 此法은 非思量分別之所能解라하시니라 是故로 世尊이 於靈山會上에 臨末梢頭하사 將三百六十骨節과 八萬四千毛竅하야 盡底掀翻하시니 雖有百萬衆이 圍繞나 承當者는 唯迦葉一人而已니 信知此事 決非草草로다

　若要的實明證인댄 須開特達懷하며 發丈夫志하야 將從前惡知惡解와 奇言妙句와 禪道佛法과 盡平生眼裡所見底와 耳裡所聞底하야 莫顧危亡得失과 人我是非와 到與不到와 徹與不徹하고 發大忿怒하며 奮金剛利刃하야 如斬一握絲에 一斬에 一切斷이라 一斷之後에 更不相續하야 直得胸次中이 空勞勞地와 虛豁豁地가 蕩蕩然無絲毫許滯碍하야 更無一法可當情이 與初生으로 無異하야 喫茶不知茶하고 喫飯不知飯하며 行不知行하고 坐不知坐하야 情識이 頓淨하고 計較都忘이 恰如箇有氣底死人相似하며 又如泥塑木雕底相似하리니 到者裡하야 驀然脚蹉手跌하면 心華頓發하야 洞照十方이 如杲日麗天하고 又如明鏡當臺하야 不越一念하고 頓成正覺하리니 非唯明此一大事라 從上若佛若祖의 一切差別因緣을 悉皆透頂透底하며 佛法世法을 打成一片하야 騰騰任運하고 任運騰騰하며 灑灑落落하고 乾乾淨淨하야 做一箇無爲無

事出格眞道人也리니 恁麼出世一番하야사 方曰 不負平生參學之志願耳어니와 若是此念이 輕微하야 志不猛利하야 穩穩穡穡하며 魍魍魎魎하야 今日也恁麼하고 明日也恁麼인댄 設使三十年二十年用工이라도 一如水浸石頭相似하야 看看逗到臘月三十日하면 十箇有五雙이 憛憛而去하야 致令晩學初機로 不生敬慕하리니 似者般底漢이 到高峰門下인댄 打殺萬萬千千인들 有甚麼罪過리오

今日我之一衆은 莫不皆是俊鷹快鶻이며 如龍若虎라 擧一明三이며 目機銖兩이니 豈肯作者般體態하야 兀兀度時리오 然雖如是나 正恁麼時에 畢竟喚甚麼하야 作一大事오 若也道得이라도 與汝三十柱杖이요 若道不得이라도 亦與三十柱杖하리니 何故오 卓柱杖一下云 高峰門下에 賞罰이 分明이니라

予假此來로 二十四年을 常在病中하야 求醫服藥에 歷盡萬般艱苦하니 爭知病在膏肓이라 無藥可療리오 後至雙徑하야 夢中에 服斷橋和尙의 所授之丹하고 至第六日하야 不期觸發仰山老和尙의 所中之毒하니 直得魂飛膽喪하야 絶後再蘇라 當時에 便覺四大輕安이 如放下百二十斤一條擔子相似러니라

今將此丹하야 普施大衆하노니 汝等이 服之인댄 先將六情六識과 四大五蘊과 山河大地와 萬像森羅하야 總鎔作一箇疑團하야 頓在目前하면 不假一鎗一旗라도 靜悄悄地 便似箇淸平世界하야 如是行也只是箇疑團이며 坐也只是箇疑團이며 着衣喫飯也只是箇疑團이며 屙屎放尿也只是箇疑團이며 以至見聞覺知히 總只是箇疑團이라 疑來疑去하

야 疑至省力處 便是得力處니 不疑自疑하며 不擧自擧하야 從朝至暮히 粘頭綴尾하야 打成一片하야 無絲毫縫罅라 撼亦不動하고 趁亦不去하야 昭昭靈靈하야 常現在前이 如順水流舟에 全不犯手하리니 只此便是得力底時節也니라

更須慤其正念하야 愼無二心하며 展轉磨光하고 展轉淘汰하야 窮玄盡奧하고 至極至微하야 向一毫頭上安身하야 孤孤迥迥하며 卓卓巍巍하야 不動不搖하고 無來無去하야 一念不生하야 前後際斷하면 從玆 塵勞頓息하고 昏散勦除하야 行亦不知行하고 坐亦不知坐하며 寒亦不知寒하고 熱亦不知熱하며 喫茶不知茶하고 喫飯不知飯하야 終日獃憃憃地 恰似箇泥塑木雕底하리니 故로 謂牆壁無殊라하시니라. 纔有者境界現前이면 卽是到家之消息也라. 決定去地不遠也리니 把得搆也하며 撮得着也하야 只待時刻而已니라 又却不得見恁麽說하고 起一念精進心求之하며 又却不得將心待之하며 又却不得要一念縱之하며 又却不得要一念棄之하고 直須堅凝正念하야 以悟爲則이니라.

當此之際하야 有八萬四千魔軍이 在汝六根門頭伺候하야 所有一切奇異殊勝한 善惡應驗之事를 隨汝心設하며 隨汝心生하며 隨汝心求하며 隨汝心現하야 凡有所欲을 無不遂之하리니 汝若瞥起毫釐差別心하며 擬生纖塵妄想念하면 卽便墮他圈櫃하며 卽便被他作主하며 卽便聽他指揮하야 便乃口說魔話하며 心行魔行하야 反誹他非하고 自譽眞道하야 般若正因이 從玆永泯하며 菩提種子 不復生芽하야 劫劫生生에 常爲伴侶하리라 當知此諸魔境이 皆從自心所起며 自心所生이니 心若

不起면 爭如之何리오 天台云 汝之伎倆은 有盡이어니와 我之不采는 無窮이라하시니 誠哉라 是言也여 但只要一切處에 放敎冷氷氷地去하며 平妥妥地去하며 純淸絶點去하며 一念萬年去하야 如箇守屍鬼子하야 守來守去에 疑團子 欻然爆地一聲하면 管取驚天動地하리니 勉之勉之어다

3. 직옹 거사 홍신은(直翁居士 洪新恩)¹⁾에게 보임

"온 종일 둘 아닌 도리를 이야기했지만 한 글자도 말한 적이 없다"²⁾ 하였으니, 이 뜻이 어떠냐고 묻는다면 서로 아둔하게 됨을 면하지 못할 것이다. "부모가 나와 친한 이가 아니다. 누가 가장 친한 사람일까?"³⁾ 눈 먼 거북이와 절름발이 자라이니라" 하였으니 영리한 사람이 여기서 알아차리면 곧 가없는 세계의 경계와 나와 남이 털끝만치도 간격이 없고 십세(十世)의 옛과 이제와 처음과 끝이 바로 이 일념에

---

1) 직옹거사(直翁居士) : 서문의 홍교조 참조.
2) "온종일……없다" : 이는 유마경 입불이법문품(入不二法門品) 제9에 기재된 유마거사(維摩居士)와 문수보살(文殊菩薩)과의 대담에 나타난 32종(種)의 불이법문(不二法門)에 근거하고 있다.
3) "부모가 나와 친한 이가 아니다. 누가 가장 친한 사람일까?" : 전등록 제1권 불타난제장(章)에 있는 바 제9조인 복타밀타(伏駄蜜多)가 제8조인 불타난제(佛陀難提)를 만나 도(道)를 묻는 게송 가운데 일절이니 "부모가 나와 친한 이가 아니니 누가 가장 친한 자입니까? 제불이 나의 도가 아니니 어느 것이 최상의 도입니까?"하니 불타난제가 답하기를 "너의 말이 마음과 친하면 부모에 견줄 것이 아니고 너의 행이 도와 합하면 제불이 바로 그것이니라. 밖으로 모양이 있는 부처를 구하면 너와는 같지 않나니 너의 본래 마음을 알고자 할진댄 합함도 아니고 또한 여읨도 아니다"라고 한 데서 유래함.

서 여의지 아니함을 보려니와 그렇지 못하면 분별심[機輪]을 돌이켜 눈먼 거북이, 절름발이 자라의 화두에 나아가 바짝 정신을 차려 의심을 내는 것이 무방하리라. 의심하고 의심하여 안과 밖이 한 조각이 되게 하여 온종일 털끝만치도 빈틈이 없어서 가슴에 뭉클한 것이 독약에 중독된 것과 같으며 또 금강 덩어리[金剛圈]와 밤송이[栗棘蓬]를 삼켜 꼭 내려가게 하려는 것과 같이하여 평생의 갖은 재주를 다 부려서 분연히 힘쓰면 자연히 깨칠 곳이 있을 것이다.

설령 금생에 삼켜내리지 못하여 눈빛이 땅에 떨어질 때[임종시에], 모든 악도에 떨어지더라도 놀라지 않고 두려워하지 않으며 걸림이 없고 얽힘이 없으면 염라대왕[閻家老子]과 여러 귀왕[大鬼王]들을 만나더라도 그들이 모두 공경할 것이다. 왜냐하면 반야의 부사의한 위신력이 있기 때문이다. 그러한즉 현재의 업이 있더라도 필경에 반야의 힘이 더 수승한 것이 마치 금강깃대[金剛幢子]를 뚫어도 뚫려지지 않고 흔들어도 흔들리지 않는 것과 같은 것이다. 또한 세상사람들이 권세 있는 훌륭한 가문에 태어남도 그와 같아서 벼슬아치들과 아전, 졸개들이 두려워하지 않는 이가 없을 것이다.

또 물건을 땅에 던지면 무거운 쪽이 먼저 닿는 것과 같나니, 목전에는 비록 이루어지고[成], 머물고[住], 무너지고[壞] 없어지는[空] 등의 모양이 있지만 용이 허물을 벗어버리는 것과 같으며, 나그네가 잠시 여관에 숙박하는 것과 같아서 실로 그 본주인은 생멸이 없으며 거래가 없으며 증감이 없으며 노소가 없어서 끝없는 옛적부터 금생에 이르도록 났다 죽었다 하여 천만 번 변화하여도 털끝만치도 옮기거나 바뀌어지지 않는다.

아! 슬프도다. 일등 학인들이 흔히 이 분별 식심〔識神〕을 대부분 오인하여 바른 깨달음을 구하지 않으며 생사에서 벗어나지 않으니 더 말할 나위가 없다.

금생에 이미 반야 종자를 뿌려 놓으면 태어나자마자 복덕과 지혜가 둘 다 구족하여 고금에 뛰어나게 되리니 배상국(裵相國:裵休)과 이부마(李駙馬:李遵勗)·한문공(韓文公:韓愈)·백낙천(白樂天:白居易)·소동파(蘇東坡:蘇軾)·장무진(張無盡:張商英) 등이 곧 그러한 이들이다. 그들은 오욕의 경계에 빠져 일찍 공부한 적도 없지만 선지식을 뵈옵자마자 한 말씀 아래 단박 최상의 도〔上乘〕를 깨달아 생사를 초월하였으며, 세상에 살고 있으면서도 늘 삼매(三昧)에 노닐며 부처님의 부촉을 잊지 않고 우리 불문을 외호하여 모두 이름이 조등(祖燈)[4]에 실려서 부처님 혜명(慧命)을 이은 것이다. 이러한 이들이 만일 전세에 반야종자를 심어 가꾸지 않

---

4) 조등(祖燈) : 역대 조사가 면면히 이어온 법의 등불. 여기서는 전등록 등을 뜻함.

앗다면 어찌 곧 이렇게 꽃을 피우고 열매를 맺어 복과 지혜
가 구족했겠는가! 옳기는 참으로 옳으나 오늘 산승에게는
범부를 단련하여 성인을 만드는 약이 있는데, 심어 가꾸는
종자를 의지하지 않는다. 설명하자면 말이 너무 많기에 간략
히 게송을 하나 읊겠다.

    종자의 원인 밝히고 싶으면
    상대인(上大人 : 話頭)을 익숙히 읽으라.
    예(禮)를 아는 경지에 이르르면
    눈먼 거북과 절름발이 자라와 친해지리라.

大意 이는 두 가지의 공안(公案)을 제시하여 상근기(上根機)로부터 중하근기(中下根機)의 사람까지도 모두 제접(提接)하려는, 고봉 선사의 간곡한 노파심(老婆心)이 깃들어 있는 글이다.

示直翁居士 洪新恩 (其三)

終日共談不二하되 未嘗擧着一字라하니 復問此意如何오하면 不免
遞相鈍置라 父母도 非我親이라 誰是最親者오 盲龜跛鼈이라하니 靈
利漢이 向者裡薦得하면 便見無邊刹境이 自他 不隔於毫端하고 十世

3. 직옹 거사 홍신은(直翁居士 洪新恩)에게 보임

古今이 始終 不離於當念이어니와 其或未然인댄 不妨撥轉機輪하고 便就盲龜跛鼈上하야 着些精彩하야 起箇疑情이니 疑來疑去에 直敎內外로 打成一片하야 終日無絲毫滲漏하야 鯁鯁于懷 如中毒藥相似하며 又若金剛圈栗棘蓬을 決定要呑하고 決定要透하야 但盡平生伎倆하야 憤將去하면 自然有箇悟處하리라 假使今生에 呑透不下하야 眼光落地之時에 縱在諸惡趣中이라도 不驚不怖하며 無拘無絆하야 設遇閻家老子諸大鬼王이라도 亦皆拱手하리니 何故오 蓋爲有此般若不思議之威力也니라 然則有諸現業이라도 畢竟般若力勝이 如箇金剛幢子하야 鑽之不入하며 撼之不動이라라 世人이 出於豪勢門牆도 亦復如是하야 一切官屬吏卒이 無不畏之하며 又若擲物墮地에 重處先着이니 目卽雖有成住壞空之相이나 如龍脫殼하며 如客旅居하야 其實本主는 無生無滅하며 無去無來하며 無增無減하며 無老無少하야 自無始劫來로 至於今生히 頭出頭沒하야 千變萬化하되 未嘗移易絲毫許니라

堪嗟一等學人이 往往에 多認者箇識神하야 不求正悟하며 不脫生死하나니 置之莫論이로다 今生에 旣下此般若種子인댄 纔出頭來에 管取福慧兩全하야 超今越古하리니 裵相國李駙馬韓文公白樂天蘇東坡張無盡이 卽此之類也라 雖沈迷欲境하야 亦不曾用工이나 纔參見善知識하고 一言之下에 頓悟上乘하야 超越生死하고 雖在塵中이나 遊戲三昧하며 不忘佛囑하고 外護吾門하야 咸載祖燈하야 續佛慧命하니 此輩가 若不是宿世栽培면 焉得便恁麽開花結子하야 福足慧足이리오

是則固是나 今日山僧은 却有箇鍛凡成聖底藥頭하야 不假栽培底種子라 說則辭繁일새 略擧一偈하리니 欲明種子因인댄 熟讀上大人이어다 若到可知禮하면 盲龜跛鼈親하리라

4. 결제 때 대중에게 보임

 긴 기한은 90일이요, 짧은 기한은 7일이다. 거친 가운데 미세한 것이 있고, 미세한 가운데 조밀〔密密〕한 것이 있으며, 조밀하고 조밀하여 간격이 없어서 가는 티끌도 세울 수 없다. 이러한 때가 바로 은산철벽(銀山鐵壁)이다. 나아가자니 문이 없고 물러가면 잃어버린다. 마치 만 길 되는 깊은 구덩이에 떨어졌는데 사면은 절벽과 가시밭이더라도 용맹한 영웅은 곧 몸을 뒤돌아 뛰어나오는 것과 같이 해야 한다. 만일 한 생각이라도 머뭇거린다면 부처님도 그대들을 구제하지 못할 것이다. 이것은 최상의 진리문이다. 대중들이여! 다 함께 힘쓸지니라.
 산승이 비록 남들의 잘못을 부정하며 상례(常例)를 초월하는 것은 아니나, 여러분들에게 소식을 통해 주리라.⊙ ⊙ ⊙[1]

---

1) ⊙ ⊙ ⊙ : 이는 언어를 초월한 법(法)을 보인 부호이다. 그러나 이를 굳이 해석한다면 원(○)은 법계(法界)를 상징하고, 그 가운데 3개의 횡점(橫點 : ⋯)은 공간적(空間的) 표현으로서 시방(十方)에 두루한 대용(大用)을 의미하고, 그 가운데 3개의 종점(縱點 : ⋮)은 시간적(時間的) 표현으로서 3제(三際 : 과거·현재·미래)의 무궁한 대기(大機)를 의미하며, 종과 횡이 한데 합하여진 ∴은 종횡무애한 자유자재(自由自在)를 상징하는 것으로서 대기대용(大機大用)을 함께 제시한 것이다.

大意 앞으로 나아갈 수도, 뒤로 물러설 수도 없는 은산철벽(銀山鐵壁)처(處)에서 전신(轉身)하여 깨달아야 한다고 강조한 법문이다.

結制示衆 (其四)

　大限은 九旬이요 小限은 七日이니 麁中有細하고 細中有密하며 密密無間하야 纖塵不立이니라 正恁麽時에 銀山鐵壁이라 進則無門이요 退之則失이니 如墮萬丈深坑에 四面이 懸崖荊棘이라도 切須猛烈英雄인댄 直要翻身跳出이어니와 若還一念遲疑하면 佛亦救你不得하리라 此是最上玄門이니 普請大家는 着力이어다 山僧이 雖則不管閑非越例나 與諸人으로 通箇消息하리라 ⊙ ⊙ ⊙

5. 대중에게 보임

　피부가 뚫어지고 살이 썩고 짓무르며 근육이 끊어지고 뼈가 꺾어지도록 노력하며 걸림없는 변재를 갖추어 종횡으로 자재하게 말하더라도 향상일관(向上一關)[1]에 대해서 말한다면 노형(老兄)들이 아직 깨치지 못했다고 하리니, 아무쪼록 허공이 무너지고 대해(大海)가 마르며 아래 위로 꿰뚫어 알아 안과 밖이 맑게 해야 한다. 바로 이러한 때라도 눈 속의 티와 같다. 대중들이여! 말해 보라. 어떤 것이 집에 이르는 소식[句]인가?
　진흙소가 쇠몽둥이를 맞으니 금강(金剛)이 터져 피를 흘린다.

　만일 이 일을 말하자면 마치 큰 불 무더기의 맹렬한 불길이 하늘까지 뻗쳐서 조금도 간단(間斷)이 없는데 세간의 온

---

1) 향상일관(向上一關) : 또는 향상일로(向上一路). 향상(向上)은 향하(向下)의 반대말로서 위로 향하는 유일한 관문(關門), 즉 조사관(祖師關)인 대도(大道)를 말한다.

갖 물건을 무엇이나 던지기만 하면 한 조각의 눈[雪]이 닿자마자 곧 녹아버리는 것과 같나니 어찌 털끝만치인들 딴 생각이 용납되겠는가. 만일 이렇게 해나가면 기한내에 성취하는 공을 만에 하나도 잃지 않겠지만 만일 그렇게 못한다면 비록 오랜 세월을 경과하여도 고생만 할 뿐이리라.

    바다밑에 진흙소가 달을 물고 달리고
    바위 앞의 돌범은 새끼를 안고 졸도다.
    무쇠뱀은 금강의 눈을 뚫고 들어가고
    곤륜(崑崙)이 코끼리를 타니 백로[鷺鷥]가 끌고 가도다.

이 네 글귀 안에 능히 죽이기도 하고 살리기도 하고 놓아주기도 하고 빼앗기도 하는 한 글귀가 있으니 그것을 찾아내면 일생의 공부하는 일을 마쳤다고 허락하리라.

만일 이 일을 말하자면 마치 어떤 집 처마끝에 한 무더기의 쓰레기더미와 같아서 아침부터 저녁까지 비바람이 몰아쳐도 아무도 눈여겨 보는 이가 없나니 무진보장(無盡寶藏)[2]이 그 속에 쌓여 있는 줄을 도무지 모르고 있다. 만일 주어

---

2) 무진보장(無盡寶藏) : 중생의 심성(心性)에 갖추어 있는 무한한 덕(德)과 지혜(智慧)를 말함.

낸다면 백겁 천생에 취해도 다함이 없고 수용(受用)해도 다함이 없을 것이니, 이 보장(寶藏)은 밖으로부터 온 것이 아니라 모두가 그대들의 한낱 믿음에서 나타나는 줄 알아야 한다. 만일 믿어진다면 결코 그르치지 않겠지만 믿어지지 않으면 오랜 세월을 지나더라도 될 수 없다. 여러분에게 청하노니 곧 이렇게 믿어서 빈궁한 걸인됨을 면하라.

말해보아라. 이 보장(寶藏)은 지금 어디에 있는가?

한참 있다가 말하기를 범의 굴에 들어가지 않으면 어찌 범의 새끼를 얻겠는가!

大意 이는 4단락으로 구성되어 있는데, 첫째 단락에서 향상일관(向上一關)은 언어문자와 사량분별이 머무를 수 없는 절대 경지임을 말하였고, 둘째 단락에서는 용심(用心)을 밝힌 것이니 화염이 하늘에까지 뻗힌 것처럼 큰 분발심을 가져야 함을 말하며, 셋째 난락에서는 이류(異類)의 노체(道體)는 모색(摸索)할 수 없음을 밝힌 것이다. 넷째 단락에서는 오온신(五蘊身) 속에 불성이 있는 것을 확신해야 한다고 강조하였다.

示　衆（其五）

皮穿肉爛하고 筋斷骨折하야 具無礙辯하야 橫說竪說이라도 若謂向上一關인댄 敢保老兄이 未徹이리니 直須虛空 粉碎하고 大海 枯竭하야 透頂透底하야 內外澄徹이어다 正恁麼時라도 猶是眼中着屑이니라 大衆아 且道하라 如何是到家底句오 泥牛가 喫鐵棒하니 金剛이 迸出血이로다

若論此事인댄 如大火聚 烈焰亘天하야 曾無少問이라 世間所有之物을 悉皆投至라도 猶如片雪 點着便消어니 爭容毫末이리오 若能恁麼提持하면 剋日之功을 萬不失一이어니와 儻不然者인댄 縱經塵劫이라도 徒受勞矣리라

海底泥牛啣月走요 巖前石虎抱兒眠이로다 鐵蛇鑽入金剛眼이요 崑崙騎象鷺鷥牽이로다 此四句內에 有一句 能殺能活하며 能縱能奪하니 若檢點得出하면 許汝一生參學事畢하리라

若論此事인댄 譬如人家屋簷頭에 一堆搕㩳相似하야 從朝至暮히 雨打風吹하되 直是無人覷着하나니 殊不知有一所無盡寶藏이 蘊在其中이로다 若也拾得하면 百劫千生에 取之無盡하며 用之無竭하리니 須知此藏이 不從外來라 皆從你諸人의 一箇信字上發生이니 若信得及인댄 決不相誤어니와 若信不及인댄 縱經塵劫이라도 亦無是處니라 普請諸人은 便恁麼信去하야 免敎做箇貧窮乞兒어다 且道하라 此藏이 卽今在甚處오 良久云 不入虎穴이면 爭得虎子리오

6. 해제(解制) 날 대중에게 보임

90일 동안 화두〔繩頭〕를 잡고 안거(安居)하여 조금도 돌아다니지 않아서 모두 피부가 뚫리고 뼈가 드러나 일곱 군데 뭉개지고 여덟 군데 헐어 터졌더라도 냉정한 안목으로 살펴 보면 마치 땅을 파면서 하늘을 찾는 것과 같아 천만 번 그르친 일이로다.

오늘 여기에 이르러서는 어쩔 수 없이 한 가닥 길을 열어 주노니 너나 할 것 없이 구속됨이 없이 동서남북에 마음대로 다니며 천상이나 인간에 즐거웁게 노닐지어다.

그렇기는 하나, 말해 보아라. 문득 확탕(鑊湯)[1]·노탄(爐炭)·검수(劍樹)·도산(刀山) 등의 지옥을 만나면 어떻게 머무르려는가?

한참 있다가 '악(惡)!' 하시다.

---

1) 확탕·노탄·금수·도산 : 모두 지옥의 이름. 끓는 솥에 삶기는 고통, 불속에 던져지는 고통, 칼로 된 나무, 칼로 된 산에 떨어져서 찔리고 잘리는 등의 고통을 받는 지옥.

大意 자재(自在)한 출입 속에 항상 본분을 살펴야 함을 말하고 있다.

解制示衆 (其六)

　九旬을 把定繩頭하야 不容絲毫走作하고 直得箇箇皮穿骨露하야 七零八落이라도 冷眼看來컨댄 正謂掘地討天이라 千錯萬錯이로다 今日에 到者裡하야 不免放開一線하노니 彼此無拘無束하야 東西南北에 任運騰騰하며 天上人間에 逍遙快樂이어다 然雖如是나 且道하라 忽遇鑊湯爐炭劒樹刀山하야는 未審如何棲泊고 良久云 惡

7. 대중에게 보임

 만일 참되고 바르게 뜻을 결정하여 마음을 밝히려면 먼저 평소 가슴속에 받아들였던 일체 선악(善惡)의 물건을 몽땅 버려서 털끝만치도 남겨두지 말고, 온종일 오똑하게 앉아 바보같이 하여 어릴 때와 다름이 없게 하라. 그런 뒤에야 포단(좌복)에 고요히 앉아서 정념을 굳혀 향상의 현묘한 진리〔向上玄機〕를 정미(精微)롭게 궁구하고, 서래(西來)[1]의 밀지(密旨)를 참구하되 간절하게 꼭 잡고 놓칠까 조심조심하여 털끝만한 간단도 없게 하며, 동정(動靜)에 한결같아 차츰차츰 심밀(深密)하고, 유원(幽遠)하고, 미세(微細)하고 더욱 미세하고 극히 미세한 곳에 이르면 마치 어떤 사람이 딴 지방에 멀리 갔다가 차츰차츰 길을 돌려 집으로 돌아오는 것과 같을 것이다.
 또 쥐가 쇠뿔에 들어감에 얼른얼른 달려서 뾰죽한 막바지에 이르른 것과 같으며, 또 도적을 잡아 장물(贓物)을 찾을

---

[1] 서래(西來)의 밀지(密旨) : 달마 대사가 인도에서 중국에 건너와 전하신 선(禪)의 깊은 뜻

적에 고문(拷問)하여 실태와 사실이 모두 드러나 밝혀지는 것과 같을 것이다. 그리하여 움직이지도 물러가지도 않고, 감도 옴도 없으며, 한 생각도 나지 않고 앞뒤가 끊어짐에 우뚝하게 드높고 짝할 이 없고 멀리 뛰어나 만 길의 절벽에 앉은 것과 같을 것이다. 또 백척의 장대끝에 머무른 것 같아서 한 생각이라도 어긋나면 신명(身命)을 상실할 것이니, 구인(九仞)[2]의 공을 이루게 되었더라도 아무쪼록 보임(保任)을 잘하여 온전히 이끌어야 한다.

홀연히 거닐거나 앉거나 눕는 곳에서 별안간 '앗!'하고 한번 소리치게 되면 마치 하늘에까지 닿을 듯한 가시숲속에 죽게 되었다가 한가닥 뛰어날 길을 찾아낸 것과 같으리니, 어찌 통쾌하지 않으랴.

만일 세상 번뇌에 골몰하여 승진(昇進)을 구하지 않으면 마치 물 위에 뜬 나무가 그 성질은 실제로 가라앉는 것이므로 잠시 제 몸이 가뿐하나 젖는 것을 감당하지 못하는 것 같으며, 또 뜰에 핀 꽃이 빛과 향기가 모두 아름답지만 하루 아침에 빛깔이 시들고 향기마저 없어지면 다시는 더 사랑할 것이 없는 것과 같다. 또 농부가 밭에 씨를 뿌린 싹이 있더라도 가꾸지 않으면 마침내 열매를 맺을 수 없음과 같으며,

---

[2] 구인(九仞)의 공 : 서전(書傳)의 말로서 높이가 구인(九仞), 곧 72척의 산을 쌓는데 한 삼태기의 흙을 쌓아 올리면 완성되는 순간을 말한다.

마치 빈궁한 걸인이 조금 얻고 만족하게 여기는 것과 같아서 오래되면 싹이 다시 돋고 가시가 다시 나서 경계에 끄달려 마침내 생사에 빠지면 위없이 청정한 열반을 얻어 볼 수 없게 되리니 이 어찌 전공(前功)을 헛되게 하고 신도의 시물(施物)을 헛되이 받아 먹는 것이 아니겠는가.

만일 뜻이 있는 대장부라면 바로 여기에서 자취를 숨기고 빛을 감추고 가만히 행하고 은밀히 닦되 혹 20년, 30년 내지 일생 동안을 끝내 다른 잡념 없이 참으로 확실하고 가장 뛰어나고 매우 편안하고 아주 의젓한 경지를 밟아서 가는 티끌도 세우지 않고 한 치의 풀도 나지 않고, 가고 옴에 걸림이 없고, 다니고 멈춤에 자유롭게 하면 이 몸의 인연이 다 하여 떠나는 날에 틀림없는 결과(結果)를 얻겠지만 그렇지 않고서 종이로 싼 듯, 띠풀로 묶은 듯하여 용두사미(龍頭蛇尾)처럼 흐지부지한다면 가풍(家風)에 허물을 끼칠 뿐 아니라 후학들의 처음 낸 마음까지 물러가게 할 것이다.

위에서 말한 나의 좁은 소견은 모두가 명아주와 콩잎 같은 것들뿐이니 배부른 사람들이 공양할 것은 못되기에 양식 떨어진 사람들을 기다리노니 한 손가락 맛은 있으리라.

흔히 도를 배우는 이들이 출가한 본 뜻을 망각하고 한결같이 삿됨을 따르고 악을 쫓고 바른 깨달음은 구하지 않고 함부로 불조의 기연(機緣)과 고인(古人)들의 공안(公案)[3]을 들어 처음부터 끝까지 천착(穿鑿)하는 것으로써 전해 주며, 밀밀히 보배처럼 잘 간직하는 것으로써 극칙(極則)을 삼고는 계율을 지키지 않고 인과를 부인하며 너와 나를 다투는 소견만 더욱 늘고 삼독만 더욱 치성(熾盛)하니 이러한 무리들은 마군과 외도에 떨어져서 영원히 그들의 권속이 될 것이다.

만일 삿됨과 그릇됨을 만나지 않고 처음 마음을 저버리지 않았다면 무상(無常)이 빠른 줄 생각해야 하며, 고해(苦海)의 헤매임을 뼈저리게 생각하여 두 끼니의 죽과 밥이 앞에 놓일 때와 온갖 수용이 좋을 때를 당하여 얼른 그 기회를 타서 곧 깨달아 들어갈지언정 시집 갈 때를 당하여 목에 혹을 치료하려 하지 말라.

이는 곧 위로부터 전해 오는 불조의 심인(心印)[4]이며, 걸림없는 해탈의 묘문(妙門)이다. 설사 기연에 맞지 않거나 공부의 힘이 충분하지 못하더라도 부디 목숨을 떼어 놓고 몸

---

[3] 공안(公案) : 고칙(古則) 또는 화두(話頭). 공안(公案)이란 본래 관아의 문서인 법령으로, 이에 의해서 시비를 판단하는 기준을 삼는데, 선문(禪門)에서 대오(大悟)의 기연(機緣) 또는 학인의 오(悟)·미오(未悟)를 판정하는 기준이라는 뜻에서 이를 공안이라 한다.
[4] 심인(心印) : 불심 인가(佛心 印可)의 준말. 언어와 문자로 형용할 수 없는 부처님이 증득한 마음.

을 바쳐 수행하되 죽음에 당하여 생명을 버리게 되었을지라도 한 마음으로 물러서지 말아야 한다.

다시 할 말이 미진하기에 거듭 게송으로 말하겠다.

    이 마음 청정하여 본래 티없건만
    탐심으로 온갖 번뇌에 가리어졌네.
    안목이 트이어 본 모습 드러나면
    산하 대지가 바로 허공의 꽃이리.

동서가 10만리요 남북이 8천리라. 가는 티끌도 서지 못하고 한치의 풀도 나지 않는다. 오고 감이 걸림없고 묘용(妙用)이 자재롭다. 설사 이러한 경지에 이르렀더라도 정녕 근본을 버리고 지말을 쫓는 것이며 화(禍)를 이끌어 오고 재앙(災殃)을 초래하는 짓이다.

말해 보라. 어떤 것이 근본인가?

주장자를 던지고 말하기를 전륜성왕(轉輪聖王)이 세 치의 쇠[5]를 던져버려도 분명히 온 세계는 칼과 창이리라.

머리를 숙여 하늘을 찾고 얼굴을 우러러 땅을 찾는구나.

---

5) 세 치의 쇠〔三寸鐵〕: 사주(四洲) 천하를 다스리는 전륜성왕(轉輪聖王)이 사용하는 철퇴.

절룩절룩 쩔름쩔름하여 멀고 멀어라. 별안간 서씨의 열셋째 아들[6)]을 만나면 와! 원래 여기에 있었는 걸.

　손으로 무릎을 한번 치고서 말하기를 여기에 있더라도 섣달 그믐(임종시)이 되면 역시 눈뜨고 귀신을 보리라.

大意　이는 3단락으로, 첫 단락에서는 견성(見性) 이후의 보임(保任)의 중요성을 말하였고, 둘째는 곧장 본분(本分)을 들어 신훈(新薰)을 없애 버려야 함을 말하였고 셋째는 공부의 얻음과 잃음을 밝힌 것이니 얻음과 잃음이 바로 깨침과 미혹을 뜻함을 말하였다.

示　衆 (其七)

　若要眞正決志明心인댄　先將平日胸中에　所受一切善惡之物하야 盡底屛去하야　毫末不存하고　終朝兀兀如痴하야　與昔嬰孩로　無異然 後에　乃可蒲團靜坐하야　正念堅凝하야　精窮向上之玄機하며　研味西 來之密旨하야　切切拳拳하고　兢兢業業하야　直敎絲毫無間하며　動靜無 虧하야　漸至深密幽遠한　微細微細極微細處하면　譬如有人이　遠行他 方이라가　漸漸回途하야　已至家舍하며　又如鼠入牛角에　看看走至尖尖

---

6) 서씨의 열셋째 아들[徐十三郎] : 춘추전국(春秋戰國)시대에 서씨가 13째 아들을 잃었다가 군진(軍陣)에서 우연히 찾은 기쁨에서 유래한 말.

盡底하며 又如捉賊討贓에 拷至情理俱盡하야 不動不退하고 無去無來하며 一念不生하고 前後際斷하며 卓卓巍巍하고 孤孤迥迥하야 如坐萬仞崖頭하며 又若停百尺竿上이라 一念纔乖하면 喪身失命하리니 將至功成九仞이라도 切須保任全提니라 忽於經行坐臥處에 不覺囟地一聲하면 猶如死在漫天荊棘林中이라가 討得一條出身活路相似하리니 豈不快哉아

若是汩沒塵勞하야 不求昇進인댄 譬如水上之浮木이 其性 實下라 暫得身輕이나 不堪浸潤하며 又如庭中之花 雖則色香 俱美나 一朝에 色萎香滅하면 無復可愛하며 又如農夫之種田에 雖有其苗나 而工力不至하면 終不成實하며 便如貧窮乞兒 得少爲足이라 久久하면 萌芽再發하고 荊棘 復生하야 被物之所轉하야 終歸沈溺하야 無上淸淨涅槃을 無由獲覩하리니 豈不枉費前功하고 虛消信施리오 若是有志丈夫인댄 正好向者裡하야 晦跡韜光하야 潛行密用하되 或三十年二十年으로 以至一生히 終無他念하야 踏得實實落落하며 穩穩當當하야 直敎纖塵不立하고 寸草不生하며 往來無礙하고 去住自由하야 報緣遷謝之日에 管取推門落臼어니와 若只恁麽紙裹茅纏하야 龍頭蛇尾인댄 非特使門風 有玷이라 亦乃退後學初心하리라. 如上所述管見은 莫不皆是藜藿之類라 飽人不堪供養이어니와 以俟絶陳之流하노니 終有一指之味하리라

往往學道之士 忘却出家本志하고 一向隨邪逐惡하야 不求正悟하고 妄將佛祖機緣과 古人公案하야 從頭穿鑿하야 遞相傳授하며 密密珍

藏하야 以爲極則하고 便乃不守毘尼하야 撥無因果하며 人我 愈見崢
嶸하고 三毒 倍加熾盛하나니 如斯之輩는 不免墮於魔外하야 永作他
家眷屬하리라 若有未遭邪謬하야 不負初心인댄 當念無常迅速하며 痛
思苦海沈淪하야 趁二時粥飯現成과 百般受用便當하야 便好乘時直
入이요 莫待臨嫁醫癭이어다 此乃從上佛祖之心印이며 無礙解脫之妙
門이니 設使機緣이 不偶하며 工力이 未充이라도 切須捨命忘形하고
勤行苦行하야 至死拚生토록 一心不退니라 復有葛藤未盡일새 不免重
說偈言하노니 此心이 淸淨本無瑕어늘 只爲貪求被物遮로다. 突出眼睛
全體露하면 山河大地 是空華리라

東西 十萬이요 南北 八千이라 纖塵不立하고 寸草不生하야 往來無
礙하며 妙用縱橫이니 直饒親到者裡라도 正是棄本逐末이라 引禍招殃
이니라 且道하라 如何是本고 擲柱杖云 抛出輪王三寸鐵이라도 分明遍
界是刀鎗이로다

低頭覓天이요 仰面尋地라 跋跋挈挈하야 遠之遠矣로다 驀然撞着
徐十三郎하면 嗄 元來只在者裡로다 以手로 拍膝一下云 在者裡라도
臘月三十日到來하면 也是開眼見鬼하리라

8. 대중에게 보임

　오음산(五陰山)[1] 가운데에 마(魔)가 강하고 법이 약하여 싸워 이기지 못하면 망설이지 말고 보검(寶劍)을 번쩍 들어 사느냐 죽느냐를 묻지 말고 분발하여 몸도 돌보지 말고 별이 번쩍 불이 번쩍하게 싸울지어다.
　공이 있는 이에겐 상을 주고 공이 없는 이에겐 벌을 주겠다. 상과 벌이 분명해졌으니, 우선 말해 보라. 오늘 방망이 맞은 상좌(上座)는 상이냐, 벌이냐? 만일 여기에서 검은 것과 흰 것을 지적해낸다면 흥화존장(興化存奬)[2] 선사가 대각경연(人覺敬連)[3] 선사에게 방밍이를 맞고서 깨달은 소식을 알게 될 것이다.

大意　무명오음계(無明五陰界)의 마(魔)와 결전(決戰)에 의한 승부로써

---

1) 오음산(五陰山) : 오온(五蘊)의 비유. 색(色) 수(受) 상(想) 행(行) 식(識)을 산(山)에 비유해 말한 것.
2) 흥화존장(興化存奬) : (?~925) 임제 의현의 제자인 대각(大覺)의 회상(會上)에서 원주(院主)를 지냈음. 시호는 광제(廣濟). 탑호는 통적(通寂).
3) 대각경연(大覺敬連) : 전기 미상.

상벌(賞罰)을 밝히고 있다.

示衆 (其八)

五陰山中에 魔強法弱하야 戰之不勝인댄 休擬議着하고 寶劒全提하야 莫問生殺하고 奮不顧身하야 星飛火撤이어다. 有功者는 賞하고 無功者는 罰하리라. 賞罰이 旣已分明인댄 且道하라. 今日喫棒底上座는 是賞耶아 是罰耶아 若向者裡하야 緇素得出하면 便見興化於大覺棒下에 悟喫棒底消息하리라

9. 기한을 정하고 대중에게 보임

　참선하는데 만일 한정된 날짜에 공을 이루려면 마치 천 길 우물에 빠졌을 때 아침부터 저녁까지 저녁부터 아침까지 밤이나 낮이나 천 생각 만 생각이 오로지 다만 한낱 우물에서 나오려는 마음뿐이고 끝끝내 결코 다른 생각이 없는 것과 같이 하여라. 진실로 이렇게 공부하기를 혹은 3일 혹은 5일 혹은 7일 하고도 깨치지 못한다면 서봉은 오늘 큰 망어(妄語)를 범했으므로 영원히 혀를 뽑아 밭을 가는 지옥에 떨어질 것이다.

　어떤 때는 싸우는 것처럼 뜨겁게 소란하며, 어떤 때는 얼음처럼 싸늘하게 멍청하며, 어떤 때는 나귀를 끌고 우물에 들어가는 것 같으며 어떤 때는 물길따라 돛을 펴는 것과 같다. 이 네 가지 산란·혼침·역경계·순경계 마구니가 번갈아 서로 해치므로 드디어 도를 배우는 사람으로 하여금 집을 잊고 살림을 잃게 한다. 서봉은 오늘 간략히 한 계책을 베풀어 여러 사람들에게 그 자취를 쓸어 없애주려 하노라.

한참있다가 말하기를 '악[喝]!'

여러분들이 10년 20년이 되도록 무명의 풀섶을 헤치고 도의 바람을 쏘이되 불성을 보지 못하고 흔히 모두 말하기를 "혼침과 산란의 씌움을 당했다"고 하니 다만 이 '혼침·산란' 네 글자의 본체가 바로 불성인 줄 알지 못하는구나. 아, 슬프다! 미혹한 사람은 요달하지 못하여 망령되이 법을 집착하여 병으로 여기고, 병으로써 병을 다스리기 때문에 드디어 불성으로 하여금 구하면 구할수록 더욱 더 멀어지고 급하면 급할수록 더욱 더디어지게 만들었다. 설령 한 사람 반 사람이라도 그 일어난 당처를 되살려서 당장에 그른 줄 알아 확연히 약과 병, 둘 다 잊어버리고 눈이 트여 달마대사[1]가 홀로 전한[禪法] 뜻을 훤히 밝혀내고 본래의 불성을 분명하게 봤더라도 서봉의 점검(點檢)에 의거해 본다면 아직도 생사 이 언덕의 일이다. 만일 향상일로(向上一路)를 말한다면 다시 청산(靑山) 저 밖에 있는 줄 알아야 한다.

만일 이 일을 논하자면 마치 물을 거슬러 배를 끌 적에 한 삿대를 밀어 올리면 열 삿대나 물러가고, 열 삿대를 밀어

---

1) 달마(達磨) : (?~528) 인도의 제28조, 중국 선종의 초조(初祖).

올리면 백 삿대나 물러가서 버티면 버틸수록 더욱 더 물러간다. 물러가고 물러가 설령 큰 바닷가까지 물러갔더라도 뱃머리를 돌려 결단코 또 거기서 버티고서 밀어 올리려는 것과 같이 하여야 한다. 만일 이와 같은 지조와 지략을 갖추었다면 바로 집에 이른 소식이다. 마치 산에 오를 때 각기 스스로 노력함과 같느니라.

 이 일의 적실하게 공부하는 간절한 곳은 마치 맞붙어 씨름하는 것과 같아서 털끝만치라도 두려워하는 생각이나 가는 티끌만치라도 차별의 생각을 마음속에 쌓아 두면 어찌 열 번 씨름하여 아홉 번 지는데 그치랴. 아직 씨름도 붙기 전에 생명이 상대자에게 매달린 것과 다름이 없거니와 만일 쇠로 된 눈, 구리로 된 눈동자를 가진 자라면 분하고 원통해서 당장에 한 주먹으로 때려 부수고 한 입으로 집어삼키려 할 것이다. 설령 몸이 죽고 목숨을 잃어 천생 만겁에 이르더라도 그 생각은 잊혀지지 않을 것이다.

 상좌(上座)들이여! 과연 그와 같이 그른 줄 알고 그와 같이 채찍질할 수 있다면 한정된 시일에 성공할 것이 틀림 없으리니 아무쪼록 힘쓸지어다.

 大意 이는 5단락으로, 제1은 절제된 조심(操心)이 있어야 깨칠 수 있음

을 말하고 제2는 4가지 마(산란·혼침·역마·순마)를 버려야 함을 말하고, 제3은 그러나 혼침(惛沈)과 산란〔掉擧〕 또한 곧 불성임을 나타내 주었고, 제4는 절제된 조심(操心)이 있어야 도에로 들어갈 수 있음을 말하고, 제5는 마음을 어떻게 써야 하느냐 하는 점을 밝히고 있다.

立限示衆(其九)

參禪에 若要剋日成功인댄 如墮千尺井底相似하야 從朝至暮하며 從暮至朝히 千思想萬思量이 單單只是箇求出之心이요 究竟決無二念이니 誠能如是施工하야 或三日或五日或七日에 若不徹去면 西峰이 今日에 犯大妄語라 永墮拔舌犂耕하리라.

有時엔 熱閙閙하고 有時엔 冷氷氷하며 有時엔 如牽驢入井하고 有時엔 如順水張帆이라 因此四魔의 更相殘害하야 致使學人으로 忘家失業하나니 西峰이 今日에 略施一計하야 要與諸人으로 掃蹤滅迹하리라 良久云 捷

兄弟家 成十年二十年토록 撥草瞻風하되 不見佛性하야 往往에 皆謂被惛沈掉擧之所籠罩라하나니 殊不知只者惛沈掉擧四字 當體卽是佛性이로다 堪嗟迷人이 不了하야 妄自執法爲病이라 以病攻病하야 致使佛性으로 愈求愈遠하며 轉急轉遲하나니 設使一箇半箇 回光返照하야 直下知非하야 廓然藥病兩忘하고 眼睛露出하야 洞明達磨單傳하며

徹見本來佛性이라도 若據西峰의 點檢將來인댄 猶是生死岸頭事라 若曰向上一路인댄 須知更在靑山外니라

若論此事인댄 正如逆水撑船하야 上得一篙에 退去十篙하고 上得十篙에 退去百篙하야 愈撑愈退라 退之又退하야 直饒退到大洋海底라도 掇轉船頭하야 決欲又要向彼中撑上이니 若具者般操志인댄 卽是到家消息이라 如人上山에 各自努力이니라

此事의 的實用功切處는 正如搭對相撲相似니 纔有絲毫畏懼心과 纖塵差別念이 蘊于胸中이면 何止十撲九輸리오 未着交時에 性命이 已屬他人了也어니와 若是鐵眼銅睛인댄 憤憤悱悱하야 直要一拳打碎하며 一口呑却이니 假使喪身失命하야 以至千生萬劫이라도 心亦不忘이니라 諸上座야 果能如是知非하며 果能如是着鞭이면 剋日成功이 斷無疑矣리니 勉之勉之어다

10. 저녁 법문〔晚參〕

　참구하되 진실하게 참구하고 깨치되 진실하게 깨쳤다면 일상생활〔動轉施爲〕에 옛과 지금을 훤히 알려니와 만일 마음가짐이 바르지 않고 깨친 자리가 참되지 않아 속은 텅비고 겉모양만 잘 꾸며서 사람들에게 업신여김을 당한다면 등롱(燈籠)[1]을 불러 노주(露柱)[2]라 함을 면치 못할 것이다.
　말해 보라. 어떤 것이 진실하게 참구하고 진실하게 깨달은 소식인가?
　한참 있다가 말하기를 남산엔 구름이 일고 북산엔 비가 내린다.

大意 법문이란 유현(幽顯)이 모두 모이고 용신(龍神)이 다 찾아듦으로 범성(凡聖)과 승속(僧俗)을 불문(不問)하고 평등심(平等心)으로 가르침을 펴고자 하는 노파심(老婆心)이 있어야 한다. 때문에 본문에서는 부정

---

1) 등롱(燈籠) : 벌레를 막기 위해 대나무 등으로 만들어 종이를 바른 등덮개.
2) 노주(露柱) : 법당 밖 정면의 좌우에 세워둔 두 개의 기둥. 등롱(燈籠), 장벽(墻壁) 등과 같이 무정(無情)의 뜻을 나타내는 대표어.

(不正)한 참구(參究)인 사참(邪參)의 의미를 밝혀 실참실오(實參實悟)의 도리를 역설적으로 설파하고 있다.

晩　參 (其十)

參須實參하며 悟須實悟인댄 動轉施爲에 輝今耀古어니와 若是操心不正하고 悟處不眞하야 粧粧點點하며 鬪鬪訂訂인댄 被人輕輕捘着에 未免喚燈籠하야 作露柱하리니 且道하라 如何是實參實悟底消息고. 良久云 南山 起雲하니 北山 下雨로다

11. 신옹 거사 홍상사(洪上舍)[1]에게 보임

무릇 참선은 승·속[緇素]을 구별할 것 없고 오직 하나의 결정된 믿음이 필요한 것이다. 만일 당장에 믿어 미침(及)을 얻고 잡아 정(定)하고 지어 주인이 되어 오욕에 흔들리지 않는 것이 마치 무쇠막대기같이 하면 한정된 날에 공부를 성취하되 독안에 달리는 자라를 두려워하지 않게 되리라.

어찌 보지 못했는가? 화엄회상[2]에서 선재동자(善財童子)[3]가 일백 일십 성을 지나면서 오십 삼 선지식(善知識)을 참례하여 이 위없는 과위(果位)를 얻은 것도 오직 하나의 믿음에서 벗어나지 않으며, 법화회상에서 8세 용녀(龍女)[4]가 석가모니 부처님께 구슬을 드리고 바로 남방무구세계에 가서 성불한 것도 이 하나의 믿음에서 벗어나지 않았다. 열반회상

---

1) 상사(上舍) : 생원(生員) 또는 진사(進士).
2) 화엄회상(華嚴會上) : 화엄경을 설한 법회.
3) 선재동자(善財童子) : 화엄경 입법계품(入法界品)에 나오는 부처님의 제자. 53선지식(善知識)을 두루 참예(參禮)하고 도를 이루었다.
4) 8세용녀(八歲龍女) : 법화경 제바달다품(提婆達多品)에 나오는 용녀(龍女).

에서 이마 넓은 백정5)이 도살하던 칼을 놓아버리고 외치기를 "나도 천불중에 하나인 수에 든다"함도 이 하나의 믿음에서 벗어나지 않으며, 옛날 아나율타(阿那律陀)6)가 부처님께 꾸지람을 듣고 7일 동안 자지 않았다가 두 눈이 먼 뒤에 대천세계를 마치 손바닥에 있는 과일 보는 것과 같이 볼 수 있게 된 것도 이 하나의 믿음에서 벗어나지 않는다.

또 어떤 한 젊은 비구가 한 늙은 비구를 희롱하되 "과위를 증득하게 해주겠다"하고 가죽공으로 머리를 네 번 때리는 데서 곧 사과(四果)7)를 얻은 것도 이 하나의 믿음에서 벗어나지 않으며, 양기(楊岐)8)가 자명 화상(慈明和尙)9)을 참례하니 감사(監事=院主)를 맡겼다. 그로부터 9년이 되던 해에 비공(鼻孔=識心)을 잃어버리고 도를 천하에 전파(傳播)

---

5) 이마 넓은 백정〔廣額屠兒〕: 바라나국의 백정(白丁)이 사리불(舍利弗)을 진건하고서 바로 백징의 길을 놓고 8계(戒)를 받은 후 성불했다. 그의 이마가 넓은 데에서 붙여진 이름

6) 아나율타(阿那律陀): 부처님의 사촌동생. 감로반왕의 아들로서 부처님의 제자가 됨.

7) 사과(四果): 소승 증과(證果)의 4계위(階位). 수다원과, 사다함과, 아나함과, 아라한과.

8) 양기(楊岐): (996~1046) 양기 방회(楊岐方會)를 일컬음. 남악(南岳)하 11세인 자명 초원(慈明楚圓)의 제자. 속성은 냉(冷)씨, 법명은 방회(方會). 법호는 양기(楊岐). 원주(袁州) 의춘(宜春) 사람. 서주(瑞州) 구봉산(九峰山)에서 종풍(宗風)을 크게 열고 양기파(楊岐派)를 개창하였음.

9) 자명 화상(慈明和尙): (986~1039) 석상산(石霜山)의 자명 선사. 이름은 초원(楚圓)이며 분양 선소(汾陽善昭)에게서 법을 받아 임제의 6세손이 되었다.

함도 역시 이 하나의 믿음에서 벗어나지 않는다. 위로부터 부처님과 조사들이 피안(彼岸)에 올라 큰 법바퀴를 굴려 중생들을 이끌어 제도하고 중생들을 이익케 한 것이 이 하나의 믿음으로부터 흘러 나오지 않은 것이 없다. 그러므로 말하기를 "믿음은 도의 근원이요 공덕의 어머니며, 믿음은 위없는 불도며, 믿음은 영원히 번뇌의 근원을 끊을 수 있으며, 믿음은 속히 해탈의 문을 증득할 수 있다"고 한 것이다.

옛날 선성(善星)[10] 비구가 부처님을 시봉하되 20년 동안 좌우(左右)를 여의지 않았지만 이 하나의 믿음이 없었기 때문에 성스러운 도를 이루지 못하고 산 채로 지옥에 떨어졌다.

오늘 신옹 거사는 부귀한 가운데 살면서도 이러한 결정된 믿음을 갖추었다. 지난 임오(壬午)년에 산에 올라와서 나를 만나려 하다가 만나지 못하고 되돌아 갔었고, 또 그 다음해 겨울에 직옹 거사를 데리고 와서야 비로소 문안에 들어오게 되었다가 한 해를 지낸 지금에 또 식량과 쌀가루를 싸가지고 특별히 찾아와 상종(相從)하면서 계를 받고 제자되기를 원하므로 여러 날을 계속하여 그 동기〔端由〕를 캐물어 보았더니 적실히 돈독한 믿음과 도에 나아갈 뜻이 있더라.

---

10) 선성비구(善星比丘) : 부처님의 사촌동생.

『유마경(維摩經)』에 말하기를 "고원육지(高原陸地)에는 연꽃이 나지 않고 비습(卑濕)한 진흙에 이 꽃이 자란다"고 한 것이 바로 그대를 두고 한 말이로다.

산승이 이로 인하여 그대를 가상히 여겨 힘을 덜고 닦기 쉽고 일찍이 경험한 "만법이 하나로 돌아가니 하나는 어디로 돌아가는고?"하는 화두를 두 손으로 전하여 주노니 반드시 이렇게 믿고 이렇게 의심〔疑情〕을 낼지어다. 의심은 믿음으로써 바탕을 삼고 깨달음은 의심으로써 작용을 삼는 줄 알아야 하나니, 믿음이 십분(十分)이 있으면 의심이 십분이 되고 의심이 십분이면 깨달음이 십분이나 얻어진다. 마치 물이 불어나면 배가 높이 뜨고, 진흙이 많으면 불상이 큰 것과 같다.

서역〔西天〕과 이 땅에 옛과 지금의 선지식들이 이 광명을 일으켜 선양하는데 이는 하나의 의심을 해결하는 것뿐이있다. 천 가지 의심과 만 가지 의심이 이 한 가지 의심뿐인 것이니 이 의심을 해결한 이는 다시 다른 의심이 없다. 이미 다른 의심이 없다면 석가모니불, 미륵불, 유마거사, 방거사와 더불어 더하지도 않고 덜하지도 않으며 둘일 수도 없고 다를 수도 없다. 똑같은 눈으로 보고 똑같은 귀로 들으며, 똑같이 수용(受用)하고 똑같이 나고 죽으며, 천당·지옥에도 마음대로 노닐고 범의 소굴, 마구니 궁전에도 종(縱)으로 횡

(橫)으로 걸림없어 날듯이 자재롭고 자재로워 날듯 할 것이다.

그러므로 『열반경(涅槃經)』에 말씀하시기를 "생멸이 멸하여 다하면 적멸(寂滅)이 즐거움이 된다"고 하셨으니 이 즐거움은 허망한 생각이 옮겨 흐르는 정식(情識)의 즐거움이 아니라 곧 참되고 깨끗한 함이 없는〔無爲〕즐거움인 줄 알아야 한다. 공자(孔子)는 말하기를 "아침에 도를 들으면 저녁에 죽어도 좋다"하였고, 안회(顔回 : 공자제자)는 그 즐거움을 고치지 않았고, 증점(曾點 : 공자제자)은 "춤을 추고 읊으면서 돌아오겠다"하였으니 모두 다 남〔生〕이 없는 진공(眞空)의 즐거움을 누렸던 것이다.

만일 진실로 의심을 내지 않고 믿지 않는다면 설령 그대가 앉아 미륵불이 하생(下生)할 때에 이르더라도 다만 풀에 의지하고 나무에 붙은 정령(精靈)이 되거나 혼이 흩어지지 않은 죽은 놈이 될 것이다. 경전에 말하기를 "이승(二乘)[11]인 소과(小果)들은 비록 8만겁 큰 선정에 들어갔지만 이 일을 믿지 않기 때문에 성인과의 거리가 더욱 멀어서 늘 부처님께 꾸지람을 당한다"하였다.

당장에 큰 신심을 내고 큰 의심을 일으켜 의심해 오고 의

---

11) 이승(二乘) : 성문승(聲聞僧)과 연각승(緣覺僧)을 말함.

심해 가서 한 생각이 만 년이고, 만 년이 한 생각이 되어 분명하게 이 일법(一法)의 귀결처(落處)를 보려면, 마치 어떤 사람과 생사의 원수를 맺은 것과 같이 해야 한다. 마음에 분한 생각을 내어 곧 그와 일도양단(一刀兩段)을 하고자 하여 잠깐도 쉼이 없이 모두 맹렬하고 날카롭게 채찍질하는 시절이 되어야 한다.

만일 의심하지 않아도 저절로 의심이 되어 자나깨나 잊어짐이 없으며 눈이 있어도 장님 같고 귀가 있어도 귀머거리 같아 보고 듣는 우리(窠臼)에 떨어지지 않는 경지에 이르더라도 오히려 아직 주관과 객관이 잊어지지 않고 속이려는 마음(偷心)이 쉬어지지 않는 것이다. 아무쪼록 정진에 정진을 더하여, 다녀도 다니는 줄 모르고 앉아도 앉는 줄 모르며 동인지 서인지도 남인지 북인지도 분간하지 못하며, 한 법도 생각에 마주칠 것이 없는 것이 마치 구멍없는 무쇠방망이와 같아서 의심을 일으키는 주관과 의심의 대상인 화두와 그리고 속마음과 바깥 경계가 동시(雙)에 잊어지고 동시에 없어져, 없다는 것이 없어진 그것까지 또한 없어지게 해야 한다. 이러한 경지에 이르러서는 발을 들거나 발을 내리 딛는데 큰 바다를 밟아 뒤치거나 수미산(須彌山)을 차서 쓰러뜨리려 하지 말고, 꾸부리고 돌아보고 내려다 보고 우러를 때 달마의 눈동자를 대질러 멀게 하고 석가의 콧구멍을 부딪쳐

뭉그러지도록 꿰뚫어 비쳐볼지어다.

　만일 아직 그렇지 못하면 다시 한낱 주해〔注脚〕를 더해 주겠다. 어떤 스님이 조주 화상[12]에게 묻기를 "만법이 하나로 돌아가니 하나는 어디로 돌아갑니까?"하니 조주 화상이 말하기를 "내가 청주(靑州) 땅에 있을 적에 베옷을 한 벌 만들었는데 그 무게가 일곱근이었느니라"하였으니, 아! 점잖은 조주 스님이 진흙을 들고 물에 뛰어들었도다. 특히 그 스님의 의심을 끊어 줄 수 없을 뿐 아니라 또한 천하 납승(衲僧)들을 속여 언설〔葛藤〕의 소굴(窠) 속에서 죽어 있게 하였도다.

　서봉은 그렇지 않아, 오늘 별안간 어떤 사람이 묻기를 "만법이 하나로 돌아가니 하나는 어디로 돌아갑니까?"하고 묻는다면 그에게 말하기를 "개가 펄펄 끓는 기름 가마솥을 핥느니라"하겠다.

　신옹, 신옹이여! 만일 여기에서 알아차리면 이 하나의 믿음도 눈 속의 티일 것이다.

大意　믿음이란 진리에로 나아가는 유일한 통로이다. 그러므로 여기서는

---

12) 조주화상(趙州和尙) : (778~897) : 남전 보원(南泉普願)의 제자. 당나라 조주사람이며 속성은 학(郝)씨, 법명은 종심(從諗) 법호는 조주(趙州), 시호는 진제대사(眞際大師) 널리 선풍을 떨치고 120세에 입적하였다.

11. 신옹 거사 홍상사(洪上舍)에게 보임

신옹거사에게 진실된 마음으로 신심(信心)을 가져야 함을 권하고 있다.

示信翁居士 洪上舍 (其十一)

大抵參禪은 不分緇素하고 但只要一箇決定信字니 若能直下에 信得及把得定作得主하야 不被五欲所撼하야 如箇鐵橛子相似하면 管取剋日成功하야 不怕甕中走鼈하리라 豈不見가 華嚴會上에 善財童子 歷一百一十城하야 參五十三善知識하고 獲無上果도 亦不出者一箇信字며 法華會上에 八歲龍女 直往南方無垢世界하야 獻珠成佛도 亦不出者一箇信字며 涅槃會上에 廣額屠兒 颺下屠刀하고 唱言我是千佛一數도 亦不出者一箇信字며 昔有阿那律陀 因被佛訶하야 七日不睡하야 失去雙目하고 大千世界를 如觀掌果도 亦不出者一箇信字며 復有一小比丘 戲一老比丘하야 與證果位라하고 遂以皮毬도 打頭四下에 卽獲四果도 亦不出者一箇信字며 楊岐 參慈明和尙한대 令充監寺어늘 以至十載하야 打失鼻孔하고 道播天下도 亦不出者一箇信字며 從上若佛若祖超登彼岸하사 轉大法輪하야 接物利生도 莫不皆由此一箇信字中流出이니 故로 云 信是道元功德母며 信是無上佛菩提며 信能永斷煩惱本이며 信能速證解脫門이라하시니라 昔有善星比丘 侍佛二十年에 不離左右하되 蓋謂無此一箇信字일새 不成聖道하고 生陷泥犁하니라

今日信翁居士는 雖處富貴之中이나 能具如是決定之信이라 昨於 壬午歲에 登山求見이라가 不納而回하고 又於次年冬에 拉直翁居士 同訪하야 始得入門이러니 今又越一載에 齎粮裹糁하고 特來相從하야 乞受毘尼하며 願爲弟子할새 故以連日로 詰其端由하니 的有篤信趣 道之志라 維摩經에 云 高原陸地에 不生蓮花하고 卑濕汚泥에 乃生 此華라하시니 正謂此也로다 山僧이 由是憮之하야 將簡省力易修曾驗 底話頭하야 兩手로 分付萬法歸一一歸何處하노니 決能便恁麼信去하 며 便恁麼疑去어다 須知疑는 以信爲體하고 悟는 以疑爲用이니 信有 十分이면 疑有十分하고 疑得十分이면 悟得十分이라 譬如水漲船高하 고 泥多佛大니라 西天此土에 古今知識이 發揚此段光明하시되 莫不 只是一箇決疑而已라 千疑萬疑 只是一疑니 決此疑者는 更無餘疑니 라 旣無餘疑인댄 卽與釋迦彌勒과 淨名龐老로 不增不減하며 無二無 別하야 同一眼見하며 同一耳聞하며 同一受用하며 同一出沒하야 天堂 地獄에 任意逍遙하고 虎穴魔宮에 縱橫無礙하야 騰騰任運하며 任運 騰騰하리니 故로 涅槃經에 云 生滅이 滅已하면 寂滅이 爲樂이라하시니 須知此樂은 非妄念遷注情識之樂이라 乃是眞淨無爲之樂耳니라 夫 子云 夕死라도 可矣라하시고 顔回는 不改其樂하고 曾點은 舞詠而歸 하니 咸佩此無生眞空之樂也矣니라 苟或不疑不信인댄 饒你坐到彌勒 下生이라도 也只做得箇依草附木之精靈과 魂不散底死漢하리니 敎中 에 言 二乘小果가 雖入八萬劫大定이나 不信此事할새 去聖愈遙하야

常被佛訶라하시니라

　直欲發大信起大疑하야　疑來疑去에　一念萬年이며　萬年一念이라 的的要見者一法子落着인댄　如與人으로　結了生死冤讎相似하야　心憤 憤地卽欲便與一刀兩段하야　縱於造次顚沛之際라도　皆是猛利着鞭之 時節이니라　若到不疑自疑하야　瘖瘂無失하야　有眼如盲하고　有耳如聾 하야　不墮見聞窠臼라도　猶是能所를　未忘이며　偸心을　未息이니　切宜 精進中에　倍加精進하야　直敎行不知行하고　坐不知坐하며　東西不辨하 고　南北不分하야　不見有一法可當情이　如箇無孔鐵鎚相似하야　能疑 所疑와　內心外境이　雙忘雙泯하야　無無亦無니　到者裏하야는　擧足下 足處에　切忌踏飜大海하고　踢倒須彌하며　折旋俯仰時에　照顧觸瞎達 摩眼睛하고　磕破釋迦鼻孔이니라　其或未然인댄　更與添箇注脚하리니 僧이　問　趙州和尙하되　萬法　歸一하니　一歸何處니잇고　州云　我在 靑州하야　作一領布衫하니　重七斤이라하시니　師云　大小趙州　拖泥帶 水로다　非特不能爲者僧하야　斬斷疑情이라　亦乃賺天下衲僧하야　死在 葛藤窠裡로다　西峰은　則不然하야　今日에　忽有人이　問　萬法歸一하니 一歸何處오하면　只向他道하되　狗舐熱油鐺이라하리니　信翁信翁아　若 向者裡하야　擔荷得去하면　只者一箇信字도　也是眼中着屑이라

12. 대중에게 보임

여러분들이 10년, 20년 내지 일생 동안 세상을 떠나 모든 반연을 잊어버리고 오로지 이 일만 밝히되 뚫어내지 못하는 것은 병이 어디에 있는가?

본분납승(本分衲僧)은 시험삼아 드러내 보라. 전생에 닦은 선근〔靈骨〕이 없는 것이 아닌가? 눈밝은 스승을 만나지 못한 것이 아닌가? 하루 정진〔一曝〕하고 열흘 방일〔十寒〕한 것이 아닌가? 근기가 하열하고 의지가 약한 것이 아닌가? 번뇌망상에 골몰한 것이 아닌가? 공적(空寂)한 데 빠진 것이 아닌가? 잡된 독이 마음에 들어간 것이 아닌가? 시절이 아직 이르지 않은 것이 아닌가? 언구(言句)를 의심하지 않은 것이 아닌가? 얻지 못하고서 얻었다 하고 증득하지 못하고서 증득했다 한 것이 아닌가? 만일 고황(膏肓)의 병을 말하자면 모두 여기에 있지 않다. 여기에 있지 않다면 필경에 어디에 있겠는가? 돌[1](咄 : 쯧쯧! 에잇!)! 세 개의 연목 아

---

1) 돌(咄) : 언어와 사량으로 미칠 수 없는 경지를 나타낼 때 쓰는 소리이다. 질(叱) 가(呵) 할(喝) 옴(唵) 등이 모두 이와 같은 의의이다. 또는 혀 차는 소리로도 쓰인다.

래와 7척 자리에 있느니라.

　만일 이 일을 말하자면, 마치 어느 높은 산을 오르는 것과 같다. 그 산의 삼면은 평탄하여 잠깐 동안에 오를 수 있으므로 별 힘도 들지 않고 매우 편리하다. 그러나 회광반조(回光返照)하여 점검해 본다면 귀〔耳架〕는 여전히 두 조각 가죽이고 치아(齒牙)는 옛 그대로 한 무더기 뼈다. 무슨 상관〔交涉〕이 있으며 무슨 용처가 있겠는가?
　만일 구름을 붙잡고 안개를 움켜 잡을 수 있는 이라면 결코 이러한 여우 굴에 떨어져 자기의 신령스러운 광명을 매몰하거나 출가한 본 뜻을 저버리지 않고 곧 매우 험악하고 가파른 낭떠러지에서 발 붙일 수 없는 저 한면을 향해, 부처님과 조사들을 뛰어넘는 마음을 세우고 아무리 오래가도 변함 없는 뜻을 내어 올라감과 올라가지 못함과 얻음과 얻지 못함을 묻지 말고, 오늘도 그저 목숨을 던지고 뛰어 오르며 내일도 목숨을 버리고 뛰어 올라서 뛰고 또 뛰기를, 사람도 경계도 모두 없어지며 마음과 의식의 길이 끊어진 데 이르러서 홀연히 대지를 밟아 엎어버리고 허공을 쳐 무너뜨리면 원래 산이 그대로 자기이고 자기가 그대로 산이다. 그러나 산과 자기도 오히려 원수다. 만일 납승의 위로 향하는 콧구멍〔向上巴鼻 : 최상의 요처〕을 끝까지 성취하려면 모름지기 자리까지를 타방세계에 날려버려야 비로소 옳다.

  1, 2, 3, 4와 4, 3, 2, 1이 갈고리처럼 서로 얽어 물고, 고리처럼 연이어 은산 철벽이다. 엿보아 쳐부수고 뛰어서 벗어나면 모래처럼 많은 대천세계가 바다에 물거품이요 일체 성현들이 번갯불 번쩍하는 것 같겠지만, 엿보아 부수지 못하거나 뛰어 벗어나지 못했다면 모름지기 하늘을 뒤집고 땅을 뒤엎으며 소굴에서 벗어나 문득 "하나는 어디로 돌아가는고?"하는 화두에 나아가서 동으로 치고 서로 치며 가로 고문하고 세로 핍박하여 핍박하고 또 핍박해서 핍박하기를 머무를 수 없고 어찌할 수 없는 곳에 이르러 진실로 거듭 용맹심을 발하라. 몸을 뒤쳐 한번 던지면 흙덩이와 진흙뭉치가 모두 다 성불하겠지만, 만일 삼키지도 뱉지도 못해서 반쯤 들어가고 반쯤 나온 것이 뱀이 개구리 삼키듯 한다면 서봉은 감히 말하노니 나귀해[2][驢年]라야 비로소 되겠다 하리라.

大意 이는 3단락으로, 첫 단락은 선객(禪客)들의 병폐를 열거하고, 두 번째는 선에 의해 이치를 깨쳐야 함을 설하고, 세 번째는 화두를 참구하

---

2) 나귀해[驢年] : 기약할 수 없는 세월을 의미함. 12간지(干支) 가운데 나귀의 해는 없다.

여야 함을 말하고 있다.

示 衆 (其十二)

兄弟家 十年二十年으로 以至一生히 絶世忘緣하고 單明此事하되 不透脫者는 病在於何오 本分衲僧은 試拈出看하라 莫是宿無靈骨麼아 莫是不遇明師麼아 莫是一曝十寒麼아 莫是根劣志微麼아 莫是汨沒塵勞麼아 莫是沈空滯寂麼아 莫是雜毒入心麼아 莫是時節未至麼아 莫是不疑言句麼아 莫是未得謂得하며 未證謂證麼아 若論膏肓之疾인댄 總不在者裡니라 旣不在者裡인댄 畢竟在甚麼處오 咄 三條椽下와 七尺單前이로다

若論此事인댄 如登一座高山相似하니 三面은 平易하야 頃刻可上이라 極是省力이며 極是利便이어니와 若曰 回光返照하야 點檢將來인댄 耳朶는 依前兩片皮요 牙齒는 依舊一具骨이니 有甚交涉이며 有甚用處리오 若是拏雲攫霧底漢子인댄 決定不墮者野狐窟中하야 埋沒自己靈光하며 辜負出家本志하고 直向那一面懸崖峭壁無棲泊處하야 立超佛越祖心하며 辦久久無變志하야 不問上與不上과 得與不得하고 今日也拚命跳하며 明日拚命跳하야 跳來跳去에 跳到人法俱忘하고 心識路絶하야 驀然踏翻大地하며 撞破虛空하면 元來山卽自己며 自己卽山이라 山與自己도 猶是冤家어니와 若要究竟衲僧의 向上巴鼻인댄

直須和座하야 颺在他方世界하야사 始得다

一二三四와 四三二一이 鉤鎖連環하야 銀山鐵壁이니 覷得破跳得出하면 大千沙界海中漚요 一切聖賢이 如電拂이어니와 若是覷不破跳不出인댄 切須飜天覆地하며 離巢越窟하고 便就一歸何處上하야 東擊西敲하며 橫拷竪逼하야 逼來逼去에 逼到無棲泊不奈何處하야 誠須重加猛利하야 飜身一擲하면 土塊泥團이 悉皆成佛이어니와 若是不尷不尬하며 半進半出하야 蛇呑蝦蟆인댄 西峰은 敢道驢年에야 始得다하리라

13. 결제 일에 대중에게 보임

 불자로 ∴과 ☰을 긋고 말하기를 대중들이여, 알겠는가? 만일 이것을 알면 여래선[1]과 조사선[2]과 밤송이〔栗棘蓬〕와 금강덩어리〔金剛圈〕와 오위편정(五位偏正)[3]과 삼요(三要)[4]와 삼현(三玄)[5]을 꿰뚫지 못할 것이 없으며 근원을 궁구하지 못할 것이 없을 것이다. 이러한 경지에 이르면 무슨 긴 기

---

1) 여래선(如來禪): 진대지(盡大地) 일진금(一眞金)으로서 순일부잡(純一不雜)의 경지. 하늘은 곧 땅이요, 땅은 곧 하늘이요, 산은 곧 물이요, 물은 곧 산이요, 자기가 곧 산하(山河)요, 산하가 곧 자기라는 등등의 일체불이(一切不二)의 경지를 말함. 등산에 비유하면 이는 정상(頂上)에 올라간 것과 같음.
2) 조사선(祖師禪): 묘유(妙有)와 진공(眞空)을 투철하게 깨달아 전혀 짐적(朕迹)을 찾아볼 수 없는 경지. 하늘은 하늘이요, 땅은 땅이요, 물은 물이요, 산은 산이요, 6×6은 원래 36이라는 등등의 경지를 말함. 등산에 비유하면 정상을 넘어 저쪽 밑바닥까지 내려간 것과 같음.
3) 오위편정(五位偏正): 동산 양개 화상(洞山良价和尙)이 상중하 3근기를 제접(提接)하기 위해서 주역(周易)의 괘효(卦爻)인 음양(陰陽)의 획을 빌려 군신(君臣) 5위를 설한 것이다.
4) 삼요(三要): 임제종에서 세운 것으로 학인을 접인(接引)할 때 보임. 대기원응(大機圓應) 대용직절(大用直截) 기용제시(機用齊示).
5) 삼현(三玄): 역시 임제종에서 세운 것으로 삼요와 함께 쓰인다. 체중현(體中玄) 구중현(句中玄) 현중현(玄中玄).

간, 짧은 기간과 공관(空觀)⁶⁾과 가관(假觀)을 말하랴. 정념(正念)을 얻었거나 정념을 잃은 것이 해탈 아닌 것이 없으며 법을 이루거나 법을 깨뜨림이 모두 열반이라 하겠지만 만일 알지 못한다면 그대들 온 대중이 이미 제각기 양식과 쌀가루를 싸가지고 큰 마음을 냈으니 90일 동안 12시(현재 24시간) 안에 간절하고 간절하게 서로 격려하고 놓칠까 조심하여 이르고 이르지 못함과 얻고 얻지 못함을 묻지 말고 신발끈을 단단히 매고 다리에 힘을 주어 마치 얼음 위를 가듯 칼날 위를 달리듯하여 목숨을 떼어놓고 몸도 잊고 다만 이렇게 나아가라. 물이 다하고 구름이 없어진 곳과 연기가 사라지고 불까지 꺼진 때에 막 이르면 문득 본지풍광(本地風光)⁷⁾을 밟아 불조를 초월하게 되리라. 설사 이렇게 깨달았더라도 오히려 법신의 변두리 일〔法身邊事〕일 뿐이다. 만일 법신의 위로 향하는 일〔法身向上事〕을 말하자면 꿈에도 못 본 것이다. 왜냐하면 천리를 바라보고자 할진대 다시 한층 더 올라가야 하기 때문이다.

大意 이는 여러 선문(禪門)의 기방(奇方)을 열거하였는데, 양기(楊岐),

---

6) 공관(空觀) : 가관(假觀), 중관(中觀)과 함께 천태종(天台宗)에서 세운 이론.
7) 본지풍광(本地風光) : 언어와 사려가 완전히 끊어진 경지. 본래면목(本來面目)과 같은 말로 깨달음의 경지.

조동(曹洞), 임제(臨濟) 등 많은 대덕(大德)의 종지(宗旨)를 종합하고 있는 것이 특징으로 지적된다.

結制示衆(其十三)

以拂子로 ∴과 ≡하고 大衆은 還會麼아 若也會得인댄 如來禪祖師禪과 栗棘蓬金剛圈과 五位偏正과 三要三玄을 無不貫串하며 無不窮源하리니 到者裡하야는 說甚長期短期와 空觀假觀이리오 得念失念이 無非解脫이며 成法破法이 皆名涅槃이어니와 若也不會인댄 汝等一衆이 旣是各各齎粮裹糍하고 發大心來라 九十日中十二時內에 切切偲偲하며 兢兢業業하야 莫問到與不到와 得與不得하고 牢絆草鞋하며 緊着脚頭하야 如氷稜上行하며 釼刃上走하야 捨命忘形하고 但恁麼去니 纔到水窮雲盡處와 烟消火滅時하야 驀然踏着本地風光하면 管取超佛越祖하리니 直饒恁麼悟去라도 猶是法身邊事라 若曰 法身向上事인댄 未夢見在니 何故오 欲窮千里目인댄 更上一層樓니라.

14. 대중에게 보임

만일 참선의 요점을 말하자면 방석에 앉는 것을 집착하여 공부를 삼아 혼침과 산란에 떨어지거나, 편안하고 고요한 데 떨어져 아무 깨달음도 앎도 없게 하지 말지니 세월만 허송할 뿐 아니라 시주들의 공양을 소화시키기도 어려울 것이다. 하루 아침에 눈빛이 땅에 떨어질 때 필경 무엇에 의지하려는가?

산승이 옛날 대중에 있을 적에 두 끼니 죽과 밥 먹을 때를 제외하고는 방석에 올라 앉지 않고 다만 아침부터 저녁까지 동으로 갔다 서로 갔다 하면서 걸음걸음마다 여의지 않고 생각생각마다 끊임이 없었다. 이렇게 3년을 지내도록 일찍 한 생각도 게으른 마음이 없다가 어느날 문득 나의 고향[自家]을 밟고나니 원래 촌보도 옮기지 않았더라.

혼침, 산란, 기쁨, 노여움, 슬픔, 즐거움 등이 그대로 진여 불성이고 지혜 해탈이건만 단지 이러한 사람을 만나지 못하여 제호(醍醐)의 최상의 맛이 독약이 되었다. 영리한 사람이 설사 당장에 그른 줄 알아서 온 몸에 짊어지더라도 아침에 삼천 방망이 저녁에 8백 방망이를 때려야겠다. 왜냐하면 어찌 듣지 못했는가? 알지〔知〕 자 한 글자가 온갖 재앙의 문이기 때문이다.

만일 이 일을 말하자면, 마치 모기가 무쇠소에 기어 올라가 이러쿵 저러쿵 묻지 않고 당장에 입부리를 댈 수 없는 곳에서 목숨을 떼어 놓고 한 번 뚫어서 몸까지 뚫고 들어가려는 것과 같다. 바로 이러한 때는 마치 백천 만억 향수해(香水海)[1]에 있는 것과 같아서 취해도 다함이 없고 써도 마르지 않지만, 만일 뜻이 견고하지 않고 마음이 한결같지 않아 느릿느릿 되는 대로 동으로 날다가 서로 날다가 한다면 설사 날아서 비비상천(非非想天)[2]까지 이르더라도 여전히 한낱 주린 모기일 뿐이리라.

大意 이 3단락의 첫째는 학인의 병폐를 밝히고 아울러 일찍이 자신이

---

1) 향수해(香水海) : 향수(香水)의 바다. 수미산(須彌山)을 둘러싸고 있는 내해(內海). 연화장세계(蓮華藏世界)의 향수해와 사바세계(娑婆世界)의 향수해가 있다.
2) 비비상천(非非想天) : 원래의 이름은 비상비비상천(非想非非想天). 거치른 생각과는 다른 것을 이름하여 '상(想)이 아닌 것(非想)'이라 하였는데 그것마저도 없는 것을 비비상(非非想)이라 한다.

수행해 왔던 정진의 과정을 말하고, 이어서 다시 학인들에게 화두를 참구하라고 권하고 있다.

示衆(其十四)

若論參禪之要인댄 不可執蒲團爲工夫하야 墮於惛沈散亂中하며 落在輕安寂靜裡하야 總皆不覺不知니 非唯虛喪光陰이라 難消施主供養이니 一朝眼光落地之時에 畢竟將何所靠오 山僧이 昔年在衆에 除二時粥飯코는 不曾上蒲團하고 只是從朝至暮히 東行西行하야 步步不離하며 心心無間하야 如是經及三載호대 曾無一念懈怠心이라가 一日에 驀然踏着自家底하니 元來寸步不曾移러라.

惛沈掉擧와 喜怒哀樂이 卽是眞如佛性이며 智慧解脫이언마는 只緣不遇斯人하야 醍醐上味가 釀成毒藥이로다 靈利漢이 假饒直下知非하야 全身擔荷라도 正好朝打三千하고 暮打八百이니 何故오 豈不見道아 知之一字가 衆禍之門이니라.

若論此事인댄 如蚊子 上鐵牛相似하야 更不問如何若何하고 便向下嘴不得處하야 拚命一鑽하야 和身透入이니 正恁麽時에 如處百千萬億香水海中하야 取之無盡이며 用之無竭이어니와 設使志不堅心不一하야 悠悠漾漾하야 東飛西飛인댄 饒你飛到非想非非想天이라도 依舊只是箇餓蚊子리라

15. 단오[端陽]일에 대중에게 보임

　30년 동안 가로 누워 있는 풀을 손대지 않고 세로 서 있는 풀을 밟지도 않고 오로지 다만 쾌활한 무우산(無憂散)[1]을 한번 먹었더니 그 약이 분량은 적지만 효력은 매우 크므로 부처병·조사병·마음병·선(禪)병·범부병·성인병·남[生]병·죽음병·옳음병·그름병 등은 묻지 않고 오직 선객[禪和子]들의 모병(毛病)[2] 한 가지만 제외하고는 듣는 이, 보는 이가 영험을 보지 않음이 없다. 그렇다면 무엇을 모병이라 하는가?
　한참 있다가 말하기를 각기 방에 돌아가서 점검해 보라.

大意　약초를 채취하는 5월 5일 단오절(端午節)을 맞이해서 이 같은 시속잡사(時俗雜事)를 인용해서 법을 나타내[因事顯法]주고 있다.

---

1) 무우산(無憂散) : 이는 화두를 약에 비유해 말한 것임.
2) 모병(毛病) : 부사의병(不思議病). 부처나 조사도 찾아낼 수 없는 병으로 언어와 추측이 미치지 못하는 병

端陽示衆(其十五)

三十年來로 橫草不拈하며 竪草不踏하고 單單只合得一服快活無憂散하니 其藥雖微나 奏功極大라 不問佛病祖病과 心病禪病과 凡病聖病과 生病死病과 是病非病하고 除禪和子一種毛病之外에 聞者見者無不靈驗이니라 且喚甚麼하야 作毛病고 良久云 各請歸堂하야 點檢看하라

16. 대중에게 보임

만일 착실히 참선함을 말하자면 반드시 세 가지 중요한 것을 구족해야 한다.

첫째 중요한 것은 큰 신근(信根)이 있어야 하나니, 이 일은 하나의 수미산을 의지함과 같은 줄을 분명히 아는 것이다.

둘째 중요한 것은 크게 분한 생각이 있어야 하나니, 마치 부모를 죽인 원수를 만났을 적에 당장 한 칼에 두 동강을 내려는 것과 같은 것이다.

셋째 중요한 것은 큰 의정(疑情)이 있어야 되나니, 마치 어두운 곳에서 한 가지 중대한 일을 하였는데 곧 드러나려 하면서 아직 드러나지 않은 때에 있는 것과 같은 것이다.

12시 가운데 과연 이 세 가지 중요함만 갖출 수 있다면 한정된 시일에 공을 성취하여 독 속에 달리는 자라를 두려워하지 않겠지만 만일 그중에 하나라도 빠지면 마치 다리 부러진 솥이 마침내 못쓸 그릇이 되는 것과 같을 것이다. 그렇기는 하나 서봉의 함정에 떨어지면 구제하지 않을 수 없다. 돌(咄)!

　주장자를 들고 말하기를 이 일착자(一着子)[1]를 위로 부처님과 조사들이 구하기 위하여 천마(千魔)와 만난(萬難)을 다 겪고 만 번 죽고 천 번 태어나더라도 마치 물이 동으로 흘러서 바다에 이르지 않고는 그치지 않는 것과 같이 하셨다. 이것으로 미루어 본다면 참으로 쉬운 일이 아니다.

　만일 쇠에 신선의 묘약을 한 방울 떨구면 쇠 전체가 금이 되듯이 성인들과 같은 경지가 되려면 어찌 얕은 지식과 좁은 소견을 가진 이들이 헤아릴 수 있겠는가. 모름지기 솥을 들고 산을 빼내는 힘과 천지를 포괄(包括)하는 아량과 못을 끊고 쇠를 끊는 근기와 봉을 때려잡고 용을 그물질하는 솜씨를 갖춘 이라야 된다.

　과연 이러한 지조와 지략을 지니었다면 주장자로 도와서 심기를 발하게 하리라. 주장자를 한 번 치고 말하기를 의기(意氣)가 있을 때 의기를 더해준다. 또 한 번 치고 말하기를 풍류(風流)가 없는 곳에 풍류가 있도다. 만일 절름발이 자라와 눈먼 거북이라면 겨우 한두 번 뛰고나면 재주가 다 없어질 것이니 서봉 문하에서는 아무데도 쓸모가 없다. 시자를 불러

---

1) 일착자(一着子) : 일물(一物)이라는 말과 같음. 이는 우리의 주인공인 마음을 가리킴.

주장자를 주시면서 말씀하시기를 사자암에 갖다 두어 멋대로 동쪽에서 솟고 서쪽에서 빠지게 하라.

만일 이 일의 진정한 공부를 말하자면, 결코 다니거나 머무르거나 앉거나 눕거나 하는 곳에 있지 않으며, 옷 입거나 밥 먹는 곳에 있지 않으며, 대소변 보는 곳에 있지 않으며, 결코 말하거나 잠자코 있거나 움직이거나 고요한 곳에 있지 않다. 그렇다면 필경 어느 곳에 있겠는가? 적(嚗)!
　여기에서 귀결처〔落處〕를 알아버리면 곧 어머니 태에서 나오기 전에 벌써 행각(行脚)까지 다해 마쳤으며, 이미 와서 고봉을 보았으며 마음이 공해 급제하여 마쳤으며 이미 중생들을 제접하고 중생들을 이익되게 해 마친 것을 볼 것이다. 그러나 무명의 때가 지중하여 깨닫지 못하고 알지 못한다면 먼지 정(定)으로써 움직이고 다음에 지혜로써 뽑아주지 않을 수 없다. 한참 있다가 '할'을 한 번 하고서 말하기를 한 떼〔隊〕의 구멍 없는 무쇠 방망이로다.

大意 여기서는 강령(綱領)과 본질(本質)과 공부(工夫) 3가지 방면을 자세히 서술하고 있다. 제1은 3요(要 : 큰 믿음, 큰 분발심, 큰 의심)를 갖춰야 공부에 임할 수 있다는 강령의 문제를 논하고 제2는 본분도리를 밝히기가 지극히 어렵다는 본질론을 제시하고 제3은 먼저 공부해야 할

부분이 어디에 있는가를 말해주고 있다.

示衆(其十六)

若謂着實參禪인댄 決須具足三要니 第一要는 有大信根이니 明知此事 如靠一座須彌山이요 第二要는 有大憤志니 如遇殺父冤讎에 直欲便與一刀兩段이요 第三要는 有大疑情이니 如暗地에 做了一件極事하야 正在欲露未露之時니라 十二時中에 果能具此三要하면 管取克日功成하야 不怕甕中走鼈이어니와 苟闕其一인댄 譬如折足之鼎이 終成廢器니라 然雖如是나 落在西峰坑子裡니 也不得不救로다 咄.

拈柱杖云者 一着子를 從上佛祖 求之하사대 雖歷千魔萬難과 萬死千生이라도 如水東流에 不到滄溟이면 決定不止니 以此推之컨댄 大不容易로다 若要點鐵成金하야 與千聖同域인댄 豈淺識小見者의 所能擬議리오 直須具擧鼎拔山力과 包天括地量과 斬釘截鐵機와 打鳳羅龍手니라 果有如是操略인댄 柱杖으로 助以發機하리라 卓一下云 有意氣時에 添意氣로다 又卓一下云 不風流處에 也風流로다 若是跛鼈盲龜인댄 止跳得一跳兩跳에 伎倆已盡하리니 西峰門下에 總用不着이니라 度柱杖하야 喚侍者云 送在師子巖頭하야 一任東湧西沒케하라

若論此事의 眞正用功인댄 決定不在行住坐臥處하며 決定不在着衣喫飯處하며 決定不在屙屎放尿處하며 決定不在語默動靜處니 旣然如

是인댄 畢竟在甚麼處오 響 若向者裡하야 知得落處하면 便見未出母胎에 已自行脚了也며 已自來見高峰了也며 已自心空及第了也며 已自接物利生了也어니와 設使無明垢重하야 不覺不知인댄 未免先以定動하고 後以智拔이니라 良久하고 喝一喝云 一隊無孔鐵槌로다.

17. 이통 상인(理通上人)[1]에게 보임

　무릇 도를 배우는 사람들이 당초에 본분[2] 종사〔作家〕를 만나지 못하여 10년, 20년 동안 여기저기에서 혹은 참구하고 혹은 배우고 혹은 전해 받고 혹은 기억하되 먹다 남은 국, 쉰밥과 나쁜 지각(知覺)을 배가 불룩하게 채워 마치 냄새나는 찌꺼기를 담은 병과 같으니, 만일 콧구멍 있는 이에게 맡으라면 속이 메스꺼워 구역질을 면하지 못할 것이다. 여기에 이르러 설사 그른 줄 알고 허물을 뉘우치고 딴 생애(生涯)를 세우려면 곧 철저하게 쏟아버리고 서너 번 씻어내고 일곱 여덟 번 울궈내고서 바짝 말리고 아주 깨끗하게 하여 아무 냄새도 없게 하여야만 비로소 반야영단〔般若靈丹〕[3]을 담을 수 있을 것이다. 그러나 바삐 서둘러 거칠어서 씻은 것이 마르지도 않았다면 설사 상품의 제호를 담더라도 한

---

1) 이통상인(理通上人) : 전기미상(傳記未詳). 상인(上人)이란 지혜와 덕을 겸비한 스님에 대한 존칭사. 또는 학인(學人)에 대한 제2인칭 경어.
2) 본분 종사 : 본분(本分)의 일을 체득(體得)한 대가. 완전한 깨침을 얻은 스님.
3) 반야영단(般若靈丹) : 지혜를 약에 비유하여 한 말.

병의 더러운 물로 변하지 않을 수 없을 것이다. 말해 보라. 이해(利害)가 어느 곳에 있는가?

돌! 독기가 깊이 들어 갔도다.

大意 본분종사(本分宗師)를 만나지 못했을 때 일어나는 과실(過失)들을 지적해 주었다.

示理通上人(其十七)

大抵 學人이 打頭에 不遇本分作家하야 十年二十年을 者邊那邊에 或參或學하며 或傳或記하되 殘羹餿飯의 惡知惡覺을 尖尖滿滿하야 築一肚皮 正如箇臭糟瓶相似하니 若遇箇有鼻孔底 聞着하면 未免惡心嘔吐하리라 到者裏하야 設要知非悔過하야 別立生涯인댄 直須盡底傾出하야 三回四回洗하며 七番八番泡去하야 敎乾乾淨淨하야 無一點氣息하야사 般若靈丹을 方堪趣向이어니와 若是忽忽草草하야 打屛不乾인댄 縱盛上品醍醐라도 亦未免變作一瓶惡水하리니 且道하라 利害在甚麽處오 咄 毒氣深入이로다.

18. 대중에게 보임

훌륭한 의사는 병을 치료할 적에 먼저 그 근원을 연구하니, 그 근원만 알아내면 치료하지 못할 병이 없다.

선객들이 10년, 20년이 되도록 돈독한 믿음으로 하나만 지키되 나고 죽음을 밝혀 내지 못하는 까닭은 대개 그 근원을 연구하지 않기 때문이다. 아상과 인상은 바로 생사의 뿌리요 생사는 바로 아상과 인상의 잎이다. 그 잎을 없애려면 반드시 뿌리를 먼저 제거해야 한다. 뿌리가 제거되고 나면 그 잎이 어떻게 보존되겠는가.

그렇기는 하나 이 뿌리가 옛날 옛적부터 오늘에 이르기까지 매우 견고하고 깊게 가꾸어진 줄 어떻게 알겠는가.

만일 솥을 들고 산을 빼는 힘이 아니면 끝내 제거하기 어려운 것이므로 주장자의 위광(威光)을 빌리어 특별히 여러분들을 위하여 열을 내게 하지 않을 수 없다. 주장자를 한번 치고 '할'을 한번 하고서 말하기를 수고롭기만 하고 공이 없구나!

만일 이 일의 적실하게 공부함을 말하자면 마치 감옥속의 사형수가 문득 간수가 술에 취해 졸고 있는 기회를 만나 큰 칼과 수갑을 부수어버리고 밤새도록 도망갈 적에 길에 독룡과 사나운 범이 많더라도 한결같이 곧장 앞으로만 달아나 마침내 무서워하는 마음이 없는 것과 같다. 왜냐하면 하나의 간절한 마음뿐이기 때문이다. 공부를 할 적에 과연 그와 같은 간절한 마음이 있다면 백발백중(百發百中) 성취할 것이다.

지금에 명중시킨 이가 있는가? 拂子로 禪床을 한번 치고서 말하기를 털끝만치 어긋나도 하늘과 땅처럼 차이가 생기느니라.

주장자를 들고서 말하기를 여기에 이르러서는 사람과 경계가 다 잊어졌고 심식의 길이 끊어졌으므로 발을 들면 큰 바다에 파도가 넘실거리고 손가락을 튕기면 수미산이 솟고 진흙뭉치 흙덩이가 큰 광명을 놓으며 박[瓠子]과 동가(冬苽)가 치열하게 항상 법을 설한다.

비록 그렇기는 하나 만일 서봉의 문하에 온다면 팔은 긴데 소매가 짧아 하나의 말뚝이 노출됨을 면하지 못할 것이니, 바로 최상의 바른 눈을 활짝 떠서 공겁(空劫)[1] 이전의

---

1) 공겁이전(空劫以前) : 천지미개(天地未開) 이전의 뜻. 부모미생전(父母未生前)의 뜻과 같음.

자기가 지금 환화(幻化) 색신과 둘이 없고 다름이 없음을 알아차려야 한다. 말해 보라. 어떤 것이 공겁 이전의 자기인 가? 적(嚇)! 주장자를 한번 치고 말하기를 금강이 쇠몽둥이를 맞으니 진흙소의 눈에 피가 나도다.

大意 이의 3단락은 첫째 자아(自我)와 타인(他人)의 병근(病根)이 어디에 있는가를 설파(說破)하고, 이를 뒤이어서 하나의 간절할 절자(切字)를 제시하여 오로지 간절한 마음만이 병근을 없앨 수 있다 하였고, 끝으로 색신(色身)이 곧 상신(常身)이요 법신(法身)임을 말해 주었다.

示衆 (其十八)

良醫治病에 先究其根하나니 纔得其根이면 無病不治라 禪和子成十年二十年토록 篤信守一하되 不明生死者는 蓋爲不究其根이니 須知人我는 卽生死之根이요 生死는 卽人我之葉이라 要去其葉인댄 必先除根이니 根旣除已면 其葉이 何存이리오 然雖如是나 爭知此根이 從曠大劫來로 栽培深固리오 若非擧鼎拔山之力이면 卒難勦除니 未免借柱杖子威光하야 特爲諸人出熱去也니라 卓柱杖一下하고 喝一喝 云 勞而無功이로다.

若論此事의 的的用功인댄 正如獄中當死罪人이 忽遇獄子의 醉酒

睡着하야 敲枷打鎖하고 連夜奔逃하되 於路에 雖多毒龍猛虎라도 一
往直前하야 了無所畏니 何故오 只爲一箇切字니라 用功之際에 果能
有此切心이면 管取百發百中하리니 卽今에 莫有中底麼아 以拂子로 擊
禪床一下云 毫釐有差하면 天地懸隔하리라.

拈柱杖云 到者裏하야는 人法俱忘하고 心識路絶이라 擧步則大海騰
波요 彈指則須彌岌峇이니 泥團土塊 放大光明하고 瓠子冬苽 熾然
常說이니라 然雖如是나 若到西峰門下인댄 未免臂長袖短하야 露出一
櫼이니 直須廓頂門正眼하야 覰破空劫已前自己 與今幻化色身으로
無二無別이니라 且道하라 如何是空劫已前自己오 噂 卓柱杖一下云
金剛 喫鐵棒하니 泥牛 眼出血이로다.

19. 해제 일에 대중에게 보임

만일 이 일을 말하자면 존귀하고 비천함의 구별도 없고 노소의 구별이나 남녀의 구별도 없고 영리하고 둔함의 구별도 없다. 그러므로 우리 부처님이 정각산(正覺山) 앞에서 납월 8일 새벽에 밝은 샛별을 보시고 도를 깨닫고 나서 말씀하시기를 "신기하도다. 중생들이여! 여래의 지혜와 덕상〔智慧德相〕을 갖추어 있구나." 하셨으며, 또 말씀하시기를 "마음과 부처와 중생, 이 셋이 차별이 없다." 하셨으며, 또 말씀하시기를 "이 법은 평등하여 높고 낮음이 없다." 하셨으니 이미 차별이 없으며 고하(高下)가 없다면 위로부터 불조와 고금에 선지식들과 내지 천하 노화상들이 계합함이 있고 증득함이 있고 더딤이 있고 빠름이 있으며 어려움이 있고 쉬움이 있는 것은 필경에 무엇 때문인가? 여러분들이 현재 여기 있는데 제각기 자기 집안이 있다고 하자. 어느 날 별안간 정신을 차려서 고향에 갈 생각이 떠올랐다. 그리하여 어떤 이는 한 해만에 도착하고 어떤 이는 한 달만에 도착하며 어떤 이는 하루만에 도착하고 어떤 이는 경각에 도착한다.

또 어떤 이는 죽을 때까지 도착하지 못하는 이도 있으니, 대개 집을 떠남이 멀고 가까운 차별이 있기 때문에 도착하는 데 빠르고 더디고 어렵고 쉬운 차별이 있는 것과 같다. 비록 그렇기는 하나 중간에 어떤 사람은 돌아갈 집도 없고 배울 선(禪)도 없으며 벗어날 생사도 없고 증득할 열반도 없다. 그저 온종일 날 듯이 자재롭고 자재로워 날 듯하나니, 만일 점검해내면 석가와 미륵불이 그대들에게 물병을 갖다 주고 발우를 펴주더라도 과분하지 않겠지만, 그렇지 못하다면 불자로 선상을 두 번 치고 '할'을 두 번 하고 말하기를 다른 여러 곳에 가거든 부디 잘못 이야기하지 말라.

大意 이는 첫머리에서 평등의 도리를 말하고 이어서 범성(凡聖), 미오(迷悟), 지속(遲速) 등의 차별법을, 그 다음으로는 평등과 차별의 양변을 여읜 일착자(一着子)를 밝혀내야 함을 말하고 있다.

解制示衆 (其十九)

若論此事인댄 無尊無卑하며 無老無少하며 無男無女하며 無利無鈍이니 故我世尊이 於正覺山前臘月八夜에 見明星悟道하시고 乃言奇哉라 衆生이여 具有如來智慧德相이라하시며 又云 心佛及衆生이 是

三無差別이라하시며 又云 是法이 平等하야 無有高下라하시니 旣無差別이며 亦無高下인댄 從上佛祖와 古今知識과 乃至天下老和尙이 有契有證하되 有遲有速하며 有難有易는 畢竟如何오 譬如諸人이 在此하야 各各有箇家業이어든 驀然一日에 回光返照하야 思憶還源하되 或有經年而到者하며 或有經月而到者하며 或有經日而到者하며 或有頃刻而到者하며 又有至死而不到者하니 蓋離家 有遠近之殊故로 到有遲速難易之別이니라 然雖如是나 中間에 有箇漢子 無家業可歸하며 無禪道可學하며 無生死可脫하며 無涅槃可證하야 終日騰騰任運하고 任運騰騰하나니 若也點檢得出하면 釋迦彌勒이 與你提瓶挈鉢이라도 亦不爲分外어니와 苟或不然인댄 以拂子로 擊禪床兩下하고 喝兩喝云 若到諸方이어든 切忌錯擧어다.

20. 대중에게 보임

 만일 이 한 가지 기특한 일을 말하자면 사람마다 본래 갖추었고 제각기 원만히 이루었나니, 마치 주먹을 쥐었다가 손바닥을 펴는 것과 같아서 실끝만한 힘도 전혀 들지 않는다. 다만 마음의 원숭이[心猿]가 흔들리고 의식의 말[意馬]이 시끄러워 삼독 무명을 방자하게 놓아두며 아상, 인상 등을 허망하게 집착하는 것이 얼음에 물을 뿌리면 더욱 더 두꺼워지듯 자기의 신령스러운 광명을 장애하여 결코 나타날 수 없게 된 것이다.

 만일 생철(生鐵)로 부어 만든 놈이 적실히 밝혀내려고 하면 또한 경솔히 할 게 아니니 당장에 큰 뜻을 내고 큰 원을 세워 마음 원숭이와 의식의 말을 죽이고 번뇌 망상을 끊고 또한 물살이 거센 여울에 배를 대려하는 것과 같아서 위태로움·죽음·얻음·잃음·아상·인상·옳음·그름 등을 돌아보지 말고 잠도 끼니도 잊고 생각도 걱정도 끊고서 온종일 밤새도록 마음마음이 간단이 없고 생각생각이 계속하여 다리를 딱 버티고 어금니를 악물고 화두[繩頭]를 단단히 잡고서 다시 털끝만치도 딴 생각을 용납해서는 안 된다. 설령 어떤 사람이 그대들의 머리를 베어 가고 손과 발을 자르고 심장과 간장을 오려내어 목숨이 떨어지는데 이를지라도 절대로 버려서는 안 된다. 그렇게 되어야 비로소 조그만치 공부한 기미가 있을 것이다.

아! 슬프다. 말법에 성현과의 시대가 멀어져서 한결같이 범범한 무리들이 많이 있어 깨달음의 문이 있는 것을 끝내 믿지 않는구나. 여기에서 천착하고 저기에서 계교하니 설령 계교하여 이루게 되고 천착하여 성취되었더라도 눈빛이 땅에 떨어질 때 무슨 소용이 있겠는가. 만약 소용이 있다면 무엇 때문에 부처님이 설산(雪山)에서 6년 고행하시고 달마대사가 소림굴(少林窟)에서 9년 면벽하시고 장경(長慶)[1] 스님이 앉아서 방석이 일곱 개나 헤지도록 좌선하시고 향림(香林)[2] 스님이 40년만에 비로소 일념을 이루시고 조주(趙州) 스님이 30년 동안 잡되게 마음을 쓰지 않으시면서, 허다한 고생을 하였겠는가!

또 어떤 무리들은 10년, 20년이 되도록 공부를 하였으되 깨달은 것이 없는 것은, 그가 전생에 선근이 없기 때문에 뜻

---

1) 장경(長慶) 스님 : (856~932) 설봉의존(雪峰義存)의 제자. 속성은 손(孫)씨, 법명은 혜릉(慧陵) 법호는 장경, 시호는 초각(超覺)대사.
2) 향림(香林)스님 : (870~949) 청원(靑原)하 제6세인 운문문언(雲門文偃)의 제자. 속성은 상관(上官), 법명은 징원(澄遠), 법호는 향림.

이 견고하지 않고 반은 믿고 반은 의심하며 혹은 일어나고 혹은 거꾸러져 희롱해 오고 희롱해 감에 세상의 정(情)은 더욱 순숙해지고 도(道)에 대한 생각은 점점 생소해져서 24시간 중에 한 시간도 선정에 들어 일념을 이루기가 어렵게 된 것이다. 이 같은 놈들은 설령 희롱하여 미륵불[3]이 하생함에 이르더라도 무슨 소용이 있겠는가?

 만일 진정한 본분 행각승〔本分行脚高士〕이라면 함부로 어지럽게 하지 않고 당초에 어느 선지식을 찾아가 한마디 말씀이나 반구절 설해 주는 것을 듣자마자 더 망설이지 않고 당장 이렇게 믿으며 주관이 확립되고 안정되어 외롭게 뛰어나고 빼어나 드높으며 발가벗은 듯하고 맑아 씻은 듯할 것이다. 다시는 위태로움과 죽음과 얻음과 잃음을 묻지 않고 다만 이렇게 정진해나가면 문득 밧줄이 끊어져 곤두박질을 하고 죽있다가 다시 소생하여 본시풍광(本地風光)을 볼 것이니 어느 곳에서 다시 부처를 찾겠는가.

 또 한 게송이 있는데 대중들에게 들어 보이겠노라.

  물살 거센 여울에 작은 배 대려면

---

[3] 미륵불하생(彌勒佛下生) : 미륵보살이 입멸(入滅) 후 도솔천(兜率天)에 태어나 56억 7천만년을 계시다가 다시 인간 세상으로 태어나 중생들을 제도한다는 설(說)을 말함.

밧줄을 아무쪼록 단단히 잡으라.
별안간 밧줄 끊어져 회피하기 어렵게 되면
곧 온 몸에 피가 터져 흐르리라.

만법이 하나로 돌아가니
하나는 어디로 돌아가는고?
성성 역력하게 뜻을 붙여 의심하라.
의심하여 생각 없어지고 마음 끊어진 곳에 이르면
금오(金烏=해)가 한밤중에 하늘 끝까지 날으리라.

 만일 이 일의 공부하는 지극한 것을 궁구하자면 마치 허공에 꽃을 심고 물속에서 달을 건지는 것과 같아서 그대들의 손을 쓸 곳이 없으며 그대들의 마음을 쓸 곳이 없다. 흔히 이러한 경계가 앞에 나타나면 열에 다섯 쌍이 물러가는 북을 치고 마니 이것이 바로 집에 이르른 소식인 줄 전혀 모르는구나. 만일 맹씨[4]의 여덟째 아들[孟八郞漢]이라면 문득 손을 쓸 수 없는 곳과 마음씀이 미칠 수 없는 때에 나아가 마치 관우(關羽)[5]가 백만 대군속에서 사느냐 죽느냐를

---

4) 맹씨의 여덟째 아들 : 모든 일에 구애받지 않고 일을 해치우는 맹랑한 사람을 말함. 여기서는 일체 규범을 벗어난 활달한 사람.
5) 관우(關羽) : (?~219) 삼국지(三國誌)에 나오는 촉나라 장수. 유비(劉備)와의 의형제(義兄弟)로 유명함.

돌아보지 않고 안량(顔良)[6]을 베듯하리라. 진실로 그러한 지조와 지략과 그러한 용맹이 있다면 손가락 튕기는 사이에 공을 거두고 찰나에 성인이 될 수 있겠지만, 그렇게 할 수 없다면 설령 그대들이 참구하여 미륵불이 하생함에 이르더라도 한낱 장상좌(張上座)[7]일 뿐이리라.

섣달 그믐날
그 시절 어느덧 이르나니
노주(露柱)여, 등롱(燈籠)이여!
다시는 졸지 말라.
얼굴을 보고 기틀에 맞추어 제접하면
기틀에 대하여 얼굴을 보아 엿보리니
홀연히 눈동자를 멀게 하면
썩은 진흙 속에 가시있는 줄 알리.

大意 2단락으로 구성된 바, 제1은 일대사(一大事), 즉 만법귀일(萬法歸一)의 화두를 참구하도록 권하고, 제2는 용맹심을 일으켜야 들어갈 수 있다는 점을 설명해주고 있다.

---

6) 안량(顔良) : 삼국 오(吳)나라의 손권(孫權) 막하의 장수
7) 장상좌(張上座) : 마침 선사의 법석(法席)에 참예한 자인데, 그는 아직 깨치지 못한 자일 것이다.

示衆(其二十)

若論此一段奇特之事인댄 人人本具요 箇箇圓成이라 如握拳展掌에 渾不犯絲毫之力이언마는 祗爲心猿 擾擾하고 意馬 喧喧하야 恣縱三毒無明하야 妄執人我等相이 如水澆氷에 愈加濃厚하야 障却自己靈光하야 決定無由得現하나니 若是生鐵鑄就底漢子 的實要明인댄 亦非造次니 直須發大志立大願하야 殺却心猿意馬하며 斷除妄想塵勞하고 如在急水灘頭泊舟相似하야 不顧危亡得失과 人我是非하고 忘寢忘餐하며 絶思絶慮하야 晝三夜三에 心心相次하며 念念相續하야 剳定脚頭하고 咬定牙關하야 牢牢把定繩頭하야 更不容絲毫走作이니라 假使有人이 取你頭하며 除你手足하며 剜你心肝하야 乃至命終이라도 誠不可捨니 到者裡하야사 方有少分做工夫氣味하리라.

嗟乎라 末法에 去聖時遙하야 多有一等泛泛之流 竟不信有悟門하고 但只向者邊穿鑿하며 那邊計較하나니 直饒計較得成하며 穿鑿得就라도 眼光落地時에 還用得着也無아 若用得着인댄 世尊은 雪山六年하시고 達摩는 少林九載하시고 長慶은 坐破七箇蒲團하시고 香林은 四十年에 方成一片하시고 趙州는 三十年을 不雜用心하시니 何須討許多生受喫이리오 更有一等漢子 成十年二十年토록 用工하되 不曾有箇入處者는 只爲他宿無靈骨하야 志不堅固하야 半信半疑하며 或起或倒하야 弄來弄去에 世情은 轉轉純熟하고 道念은 漸漸生疎하야 十二時中에 難有一箇時辰도 把捉得定하야 打成一片이니 似者般底는

直饒弄到彌勒下生인들 也有甚麽交涉이리오.

若是眞正本色行脚高士인댄 不肯胡亂하고 打頭에 便要尋箇作家하야 纔聞擧着一言半句하면 更不擬議하고 直下에 便恁麽信得及作得主把得定하야 孤逈逈峭巍巍하며 赤裸裸淨灑灑하야 更不問危亡得失하고 只恁麽捱將去라가 驀然繩斷喫攧하면 絶後再甦하야 看他本地風光하리니 何處에 更覓佛矣리오 又有一偈하야 擧似大衆하리라 急水灘頭泊小舟하니 切須牢把者繩頭어다 驀然繩斷難廻避하면 直得通身血迸流하리라

萬法歸一一何歸를 只貴惺惺着意疑니 疑到情忘心絶處하면 金烏夜半徹天飛하리라.

若窮此事의 用工極際인댄 正如空裡栽花와 水中撈月하야 直是無你下手處하며 無你用心處나라 往往에 纔遇者境界現前하야는 十箇有五雙이 打退鼓하나니 殊不知正是到家底消息이로다 若是孟八郎漢인댄 便就下手不得處와 用心不及時하야 猶如關羽 百萬軍中에 不顧得喪하고 直取顔良이니 誠有如是操略과 如是猛利인댄 管取彈指收功하며 刹那成聖이어니와 若不然者인댄 饒你參到彌勒下生이라도 也只是箇張上座리라

臘月三十日의 時節이 看看至하니 露柱與燈籠이여 休更打瞌睡어다 覿面當機提하며 當機覿面覰니 驀然觸瞎眼睛하면 照顧爛泥裏有刺하리라

21. 섣달 그믐날 밤 소참(小參)

생사의 일이 크고 무상함이 빠르다. 태어났으나 어디서 온 줄 모르는 것을 태어남〔生〕의 큰 일이라 하고, 죽어서 가되 어디로 가는 줄 모르는 것을 죽음의 큰 일이라 한다. 다만 이 생사의 일대사가 참선하고 도를 배우는 목구멍이며 성불하고 조사가 되는 기관이다. 삼세 여래와 항하의 모래알처럼 많은 부처님들이 천만 번 변화하여 세간에 오신 것도 대개 이 생사 일대사의 본원(本源) 때문이었으며, 서역에 28조사들과 중국〔唐土〕의 6조사와 나아가서는 천하에 노화상들이 나고 죽고 거두고 펴고 하면서 역행(逆行) 순행(順行)으로 교화하신 것도 이 일대사의 본원 때문이었으며 제방(諸方)의 선객들이 괴로움을 꺼리지 않고 20년, 30년 동안 풀을 헤치고 바람을 맞으며 잠방이를 깔아 뭉개고 바지를 비비며 정진한 것도 이 일대사의 본원 때문이었으며, 그대들이 발심하여 출가하고 발심하여 행각(行脚)하며, 발심하여 고봉을 와서 보고 낮으로 세 차례씩 밤으로 세 차례씩 눈썹을 겨루는 것도 이 일대사의 본원 때문이다. 사생(四生) 육도(六途)

중생들이 천겁 만겁에 머리를 바꾸고 얼굴을 바꿔가면서 쓰라린 고통을 받는 것도 이 일대사의 본원을 미혹했기 때문이다. 우리 부처님 세존께서 금륜(金輪)[1] 왕위를 버리고 설산에 6년 동안 고행하시다가 밤중에 샛별〔明星〕을 보고 도를 깨달은 것도 이 일대사의 본원을 깨달으신 것이며, 달마 대사가 이 국토에 들어와 소림굴에서 9년 동안 면벽(面壁)하실 때 신광(神光)[2]이 팔을 끊고 마음을 찾아 봐도 얻을 수 없는 곳에서 콧구멍을 잃어버린 것도 이 일대사의 본원을 깨달은 것이며 임제[3] 스님이 황벽[4] 스님에게 60방망이를 맞고 대우[5] 스님의 옆구리를 주먹으로 친 것도 이 일대사의 본원을 깨달은 것이었다. 영운(靈雲)[6] 스님이 복사꽃을 보고 깨달은 것과 향엄(香嚴)[7] 스님이 돌멩이가 대나무에 부딪치는 소리를 듣고 깨달은 것과 장경(長慶) 스님이 발을

---

1) 금륜(金輪) : 전륜성왕(轉輪聖王).
2) 신광(神光) : (487~593) 달마의 제자. 동토(東土)의 제2조 혜가(慧可).
3) 임제(?~867) 황벽 희운(黃蘗希運)의 제자. 법명은 의현(義玄). 임제종의 개조. 저서로는 「임제록」 1권이 전해진다.
4) 황벽(黃蘗) : (?~250) 남악(南岳)하 제3세인 백장 회해(百丈懷海)의 제자. 법명은 희운(希運), 법호는 황벽, 시호는 단제(斷際), 탑호는 광업(廣業).
5) 대우(大愚) : 홍주(洪州)의 고안 대우(高安大愚). 마조(馬祖)의 제자.
6) 영운(靈雲) : 위산 영우(潙山靈祐)의 제자. 복주(福州) 장계인(長溪人).
7) 향엄(香嚴) : (819~914) 위산(潙山)의 제자. 속성은 유(劉)씨. 법명은 지한(智閑), 법호는 향엄, 시호는 습등(襲燈), 탑호는 정복(廷福).

말아 올리다가 깨달은 것과 현사(玄沙)⁸⁾ 스님이 돌뿌리를 차고서 깨달은 것과 내지 위로부터 선지식들의 계합하고 증득하여 중생들을 이롭게 하고 중생들을 제도한 것이 모두 이 일대사의 본원을 깨달은 것에 지나지 않는다.

여러분〔兄弟家〕들을 자주 보니 비록 이 일문(一門)에 들어왔다 하지만 흔히들 도의 근원을 알지 못하면서도 그 뜻을 분발하지 않고 그럭저럭 세월을 보내어 지금에 와서 갈팡질팡함을 면치 못하게 되었으므로 위와 같은 부처님과 조사들의 도에 들어간 인연과 도를 깨달은 연유를 이끌어 표본〔標格〕을 삼아 늦게 배우는 이와 처음 공부하는 이들에게 나아갈 수 있게 하노니, 말해 보라. 어떻게 나아갈 것인가?

보지 못했는가? 옛사람이 말하기를 "만일 생사를 해탈하려면 조사관(祖師關)⁹⁾을 뚫어야 한다."하였으니 필경에 무엇이 관문인가? "죽비(竹篦)라 하면 부딪치고 죽비라 하지 않으면 등진다."하였으니 말이 있을 수도 없고, 말이 없을 수도 없다. 만일 여기에서 한쪽 눈을 얻어 엿보아 깨닫고 몸

---

8) 현사(玄沙) : (837~908) ; 설봉 의존(雪峰義存)의 제자, 속성은 사(謝)씨, 법명은 사비(沙備), 법호는 현사.
9) 조사관(祖師關) : 옛날에 국방상으로나 혹은 경제상의 이유로 중요한 곳에 군사를 두어 지키게 하고 내왕하는 사람과 출입하는 물건을 검사하는 곳이 관문인데, 견성성불(見性成佛)하는데는 반드시 화두를 꼭 통과하여야 하므로 화두가 조사가 되는 관문인 것이니 그래서 공안을 조사관이라 하는 것이다.

을 돌려 기운을 통하게 되면 관문마다 통과하지 못할 것이 없으며 법마다 통하지 못할 것이 없어 온갖 사물에 나타나고 모든 물건에 온전히 드러나 가없는 세계의 경계와 나와 남이 털끝만치도 간격이 없으며 십세(十世)의 고금과 처음과 끝이 현전의 생각을 여의지 않을 것이다. 그러므로 수료(水潦)10) 화상이 마조(馬祖)11) 대사를 뵈올 적에 예배하고 일어나 물으려고 할 때 마조에게 멱살을 잡히고 한 번 걷어차여 쓰러졌다가 일어나서 하 하 크게 웃으면서 말하기를 "백천 법문과 한량없는 미묘한 이치를 모두 한 털끝 위에서 근원을 알았습니다." 하였으며, 덕산(德山)12) 스님이 용담(龍潭)13) 선사를 뵈었을 적에 지촉(紙燭)을 불어 끄는 곳에서 활연히 크게 깨닫고 그 다음날 소(疏)와 초(抄)를 법당 앞에서 태우면서 말하기를 "모든 현변(玄辯)을 다 궁구하더라도 한 개의 털을 허공에 두는 것과 같고, 세상의 중요한 기미[樞機]를 다하더라도 한 방울 물을 큰 골짜기에 던지는

---

10) 수료화상(水潦和尙) : 마조의 제자. 전기미상.
11) 마조(馬祖) : (709~788) 남악회양(南岳懷讓)의 법을 이음. 속성은 마(馬)씨. 법명은 도일(道一).
12) 덕산(德山) : (780~823) 청원(靑原)하 제4세인 용담 숭신(龍潭崇信)의 제자. 속성은 주(周)씨. 법명은 선감(宣鑑). 법호는 덕산. 금강경에 통달하여 주금강(周金剛)이라 불리었으며, 행각중에 떡장수 노파와의 일화가 유명함.
13) 용담(龍潭) : (?~823) 천황도오(天皇道悟)의 제자. 법명은 숭신(崇信).

것과 같다"하였으니, 이러한 경지에 이른다면 선이나 도를 참구할 것이 무엇이며, 불법을 배울 것이 무엇이며, 생사를 벗어날 것이 무엇이며, 열반을 증득할 것이 무엇이겠는가. 날듯이 자재롭고 자재로워 날듯하여 섣달 그믐날이 닥쳐오면 대자재를 얻어가고 머무름에 자유롭게 될 것이다. 그러므로 말하기를 "조계(曹溪)의 길을 알면서부터 생사에 관계없는 줄 알았다"고 하였느니라.

그렇기는 하나 拂子를 세우고서 말하기를 말해 보라. 이것은 삶이냐 죽음이냐? 만일 옳게 말하면 부처없는 곳에서 부처라 일컫고 법없는 곳에서 설법할 수 있겠지만 그렇지 못하면 산승이 부끄러움을 무릅쓰고 다시 여러분에게 한낱 소식을 드러내겠다. 拂子로 고기낚는 시늉을 하면서 말하기를 밤은 차고 고기는 잠겼는데, 공연히 낚시만 드리웠으니 걷어 치우고 남은 여생 지내는 게 나으리라.

북선(北禪)[14]은 과세(過歲 : 설을 세다)할 적에 노지백우(露地白牛)[15]를 잡아 백미 진수가 모두 구족하였지만, 고봉

---

14) 북선(北禪) : 선요(禪要)를 간행한 지현 선사(智玄禪師)를 말함.
15) 노지백우(露地白牛) : 노지(露地)란 견사(見思) 이혹(二惑)을 끊은 무위안락(無爲安樂)의 경지를 말하며, 백우(白牛)는 무루(無漏)의 묘관(妙觀), 청정무구(淸淨無垢)의 당체를 말하는 것으로 여기서는 일승선열미(一乘禪悅味)를 말함.

의 과세는 비록 아무것도 없으나 무(無)를 유(有)로 만들겠다. 재 위에 구름을 가늘게 썰고 못 속에 달을 얇게 썰어 뽀죽하고 새롭게 소복이 담아 놓고 격식에 벗어나게 늘어 놓고서 제각기 창자를 채우고 배를 부르게 하며 사람마다 영원히 굶주림을 끊게 하노니 말해 보아라. 옛사람과 같은가, 다른가? 혀 끝에 눈을 갖춘 이는 말해 보아라.

大意 이는 한 해가 끝나는 제야(除夜)에 즈음해서 생사 일대사의 도리를 간절히 참구하기를 권하고 또한 선열미(禪悅味)로 과세(過歲)함을 밝히고 있다.

除夜小參 (其二一)

生死事大하고 無常迅速이라 生不知來處를 謂之生大요 死不知去處를 謂之死大니 只者生死一大事 乃是參禪學道之喉襟이며 成佛作祖之管轄이라 三世如來와 恒沙諸佛이 千變萬化하사 出現世間도 蓋爲此生死一大事之本源이시며 西天四七과 唐土二三으로 以至天下老和尙히 出沒卷舒하야 逆行順化도 亦爲此一大事之本源이시며 諸方禪衲이 不憚勞苦하고 三十年二十年을 撥草瞻風하며 磨褌擦袴도 亦爲此一大事之本源이며 汝等諸人이 發心出家하며 發心行脚하며 發心

來見高峰하고 晝三夜三에 眉毛斯結도 亦爲此一大事之本源이며 四生六道가 千劫萬劫에 改頭換面하야 受苦受辛도 亦是迷此一大事之本源이며 吾佛世尊이 捨金輪王位하시고 雪山에 六年苦行하사 夜半에 見明星悟道도 亦是悟者一大事之本源이며 達摩大師가 入此土來하사 少林에 面壁九載어시늘 神光이 斷臂하고 於覓心不可得處에 打失鼻孔도 亦是悟者一大事之本源이며 臨濟遭黃蘗의 六十痛棒하고 向大愚肋下하야 還拳도 亦是悟者一大事之本源이며 靈雲桃花와 香嚴擊竹과 長慶卷簾과 玄沙蹉指와 乃至從上知識의 有契有證하야 利生接物도 總不出悟者一大事之本源이어늘 多見兄弟家하니 雖曰入此一門이나 往往에 不知學道之本源하야 不能奮其志하고 因循度日할새 今來에 未免葛藤하야 引如上佛祖의 入道之因과 及悟道之由하야 以爲標格하야 晚學初機로 方堪趣向케하노니 且道하라 如何趣向고

不見가 古人이 道하사대 若要脫生死인댄 須透祖師關이니 畢竟將甚麼하야 作關고 喚作竹篦則觸이요 不喚作竹篦則背라 不得有語며 不得無語라하시니 若向者裡하야 着得一隻眼覰得破하야 轉得身通得氣하면 無關不透하며 無法不通하야 頭頭示現하고 物物全彰하야 無邊刹境이 自他不隔於毫端하고 十世古今이 始終不離於當念하리라 所以로 水潦和尙이 見馬大師할새 禮拜起하야 擬伸問間에 被馬祖攔胸一踏踏倒하야 起來呵呵大笑云百千法門과 無量妙義를 總向一毫頭上하야 識得根源去라하시며 德山이 見龍潭할새 向吹滅紙燭處하야 豁然大悟하고 次日에 遂將疏抄하야 於法堂上에 蓺云 窮諸玄辯이라도 若

21. 섣달 그믐날 밤 소참(小參)

一毫置於太虛요 竭世樞機라도 似一滴投於巨壑이라하시니 到者裡하야 有甚麼禪道可參이며 有甚麼佛法可學이며 有甚麼生死可脫이며 有甚麼涅槃可證이리오. 騰騰任運하고 任運騰騰하야 臘月三十日이 到來에 管取得大自在하야 去住自由하리니 故로 云 自從認得曹溪路로 了知生死不相干이라하시니라 然雖如是나 堅拂子云 且道하라 者箇 是生耶아 是死耶아 若也道得하면 便可向無佛處稱尊이며 無法處說法이어니와 其或未然인댄 山僧이 不懼羞慙하고 更與諸人으로 露箇消息하리라 以拂子로 作釣魚勢云 夜冷魚潛空下釣하니 不如收卷過殘年이로다.

復擧하되 北禪分歲는 烹露地白牛하니 百味珍羞가 悉皆具足이어니와 高峰分歲는 雖則百孔千瘡이나 也要將無作有하야 細切嶺頭雲하고 薄批潭底月하야 尖新堆食丁하며 出格安排하야 要使箇箇로 盈腸塞腹하며 人人으로 永絶飢虛케하리니 且道하라 與古人으로 是同가 是別가 舌頭具眼底는 試辨看하라.

22. 대중에게 보임

　기한 전에 증득하는 법을 말하자면 마치 어떤 사람이 눈〔雪〕을 져다가 우물을 메우는 것과 같아서 춥고 더움을 꺼리지 않고 밤낮을 분간하지 않고 가로로도 지고 세로로도 지고 옳게도 지고 그르게도 져서 오면서도 지고 가면서도 지기를 해가 바뀌고 달이 바뀌어 만겁 천생에 이르더라도 그 중간에 믿어 확신하고 밟아 편안함을 얻고 잡아 고정시키고 지어 주재를 얻어 한생각도 싫어하거나 여의려는 마음이 없으며, 한생각도 해태한 마음이 없으며 한생각도 의심하는 마음이 없으며 한생각도 만족을 구하는 생각이 없다. 과연 그러한 시절이 있으며 그러한 강한 의기〔氣槪〕를 갖추었다면 여기에 이르러 사람과 경계를 동시에 잊고 마음과 의식이 함께 없어져 형상은 마른 나무와 썩은 나무둥치 같으며 뜻은 어린애와 갓난아기같이 되면 문득 짊어진 것이 졸지에 끊어지고 탁! 하고 꺾어질 것이다.
　영가 스님이 말하기를 "대천세계의 모래알처럼 많은 세계가 바다의 물거품이요, 일체 성현이 번갯불 번쩍하는 것과 같다."하였으니 30 방망이를 때려 주는 것이 좋겠다.

　만일 이 일을 말하자면, 참구하려 하면 참구해지고 깨달으려고 하면 깨달아지고 말하려 하면 말해지고 행하려 하면 행해지고 오려고 하면 와지고 가려고 하면 가게 된다. 비록 그렇기는 하나 다시 30년을 기다려야 된다. 왜냐하면 두 뿔과 네 발굽은 모두 지나갔으나 꼬리는 아직 지나가지 못했기 때문이다.

　만일 이 일을 말하자면, 만 길이나 되는 깊은 못에 돌멩이를 하나 던진 것과 같아서 위에서 밑바닥까지 꿰뚫어 실끝만치도 간격이 없는 것같이 해야 한다. 진실로 이렇게 공부를 하고 이렇게 간단없이 하고서도 만일 7일 동안에 깨치지 못한다면 나는 영원히 무간지옥(無間地獄)에 떨어지리라.

大意　이는 큰 뜻(志)과 원(願)을 세워서 훤히 깨쳐야 함을 밝히었고 또한 공부가 간단없이 이어져야 됨을 말하고 있다.

示衆（其二二）

　若論剋期取證인댄 如人이 擔雪塡井하야 不憚寒暑하며 不分晝夜하고 橫也擔竪也擔하며 是也擔非也擔하야 擔來擔去에 縱使經年越歲하야 以至萬劫千生이라도 於其中間에 信得及踏得穩하며 把得定作得主하야 曾無一念厭離心하며 曾無一念懈怠心하며 曾無一念狐疑心하며 曾無一念求滿心이니 果能有恁麽時節하며 果能具恁麽氣槪인댄 到者裡하야 管取人法雙忘하고 心識俱泯하야 形如枯木朽株하며 志若嬰兒赤子하야 驀然擔子 卒地斷爆地折하리라 永嘉 道하사대 大千沙界 海中漚요 一切聖賢 如電拂이라하시니 好與三十痛棒이로다 若謂此事인댄 參也參得하며 悟也悟得하며 說也說得하며 行也行得하며 來也來得하며 去也去得이니 然雖如是나 更須三十年하야사 始得다 何故오 兩角四蹄는 都過了어니와 尾巴는 過不得이니라

　若論此事인댄 如萬丈深潭中에 投一塊石相似하야 透頂透底하야 了無絲毫間隔이니 誠能如是用工하며 如是無間하고 一七日中에 若無倒斷이면 某甲이 永墮阿鼻地獄하리라

23. 결제 일에 대중에게 보임

 주장자를 봉해 버리고 바랑끈을 묶어 버리고 철위산(鐵圍山)1)에 갇혀 있으면서 칼[枷] 위에 거듭 수갑[杻]을 더 채우고 유(有)에서 무를 살피어 내고 무에서 유를 살피어 내어 쓰라린 고통이 백천 가지로 많더라도 이 소굴을 여의지 않았다. 대중들이여! 말해 보라. 무엇을 불러 소굴이라 하는가? 설령 분명하게 밝혀내더라도 서봉의 저쪽, 다시 저쪽에서 사람을 위함과 위하지 않는 일착자(一着子)를 볼려면 아직 30년을 기다려야 되리라.

大意 이는 결제기간내에 출입을 끊고 부지런히 정진하여 본분자리를 크게 깨달아야 함을 강조하고 있다.

---

1) 철위산(鐵圍山) : 전체가 쇠로 이루어진 산으로 지변산(地邊山)을 둘러싸고 있다. 구산(九山)중 가장 밖에 있는 산으로 지변산에서는 36만3천2백88유순 거리에, 남섬부주로부터는 3억6만6백63유순되는 곳에 있다. 여기에서는 구순안거(九旬安居)의 금족(禁足)을 가리키는 말이다.

結制示衆(其二三)

封却拄杖頭하며 結却布袋口하고 禁在鐵圍山하야 枷上에 重增杻하며 有中에 拷出無하고 無中에 拷出有하야 痛楚百千般이라도 不離者窠臼니 大衆아 且道하라 喚甚麼하야 作窠臼오 直饒明辨得出이라도 要見西峰의 那邊更那邊爲人不爲人一着子인댄 且待三十年後니라.

24. 대중에게 보임

주장자를 들고 대중을 부르고서 말하기를 보았느냐? 사람마다 눈에 동자가 있으니 장님이 아니므로 반드시 보았을 것이다. 주장자를 한 번 치고서 말하기를 들었느냐? 낱낱이 가죽 밑에 피가 있어서 죽은 놈이 아니므로 반드시 들었을 것이다. 이미 보았고 이미 들었다면 이것이 무엇이냐? 주장자로 ㊀[1]를 하고 보고 들은 것은 그만두고 다만 6근이 갖추어지기 전과 소리와 물질이 나타나지 아니했을 때 아직 듣지 못한 들음과 아직 보지 못한 봄은 바로 이러한 때를 당하여 필경 무엇으로써 증험하겠는가?

주장자로 ㊁를 하고 내가 지금 그대들과 이 일을 보임(保任)[2]하노니 마침내 헛되지 않느니라. 주장자로 ㊂를 하고 30년 뒤에 부디 소식을 잘못 전하지 말라. 주장자를 의지하고서 법좌에서 내려 오시다.

---

1) ㊀, ㊁, ㊂ : 결제때 대중에게 보임. ㊃ ㊄ ㊅ 참조
2) 보임(保任) : 보호임지(保護任持)의 준말. 깨친 당처의 천진면목(天眞面目)을 보호하고 자재한 묘용(妙用)에 맡기는 것. '보림'이라 발음되기도 한다.

만일 이 일을 말하자면 다만 본인이 적실히 간절한 마음이 있어야 한다. 간절한 마음이 있기만 하면 참 의심이 곧 생길 것이다. 참 의심이 생길 때 점차(漸次)에 속하지 않고 당장에 번뇌가 끊어지고 혼침과 산란이 모두 제거되어 한 생각도 나지 않고 앞뒤가 끊어지게 될 것이다. 이러한 시절에 이르기만 하면 틀림없이 결과를 얻겠지만 만일 이 생각이 간절하지 않아서 참 의심이 생기지 않으면 설령 그대들이 앉아서 방석을 백천만 개나 헤어뜨리더라도 여전히 한낮에 삼경을 칠 것이다.

미혹한 가운데 깨달음이 있고 깨달았다가 다시 미혹한다. 바로 미혹함과 깨달음 둘 다 잊어버리고 나와 경계를 함께 버려야 납승문하에 비로소 말할 자격이 있을 것이다.
대중이여! 이미 미혹함과 깨달음 둘 다 잊고 사람과 경계를 함께 잊었다면 같이 이야기하는 놈은 누구냐? 어서 일러라. 어서 일러라.

만일 이 일을 말하자면 마치 만 길이나 되는 높은 산을 오르는데 한걸음 한걸음 올라가 거의 상봉에 이르러 오직 두어 걸음 남았을 뿐인데 절벽이어서 손으로 잡을 수도 없고 발 붙일 수도 없는 것과 같다. 여기에 이르러서는 순전히 강철로 쳐서 만들어진 놈이라야 몸도 목숨도 버리고 왼쪽으로 보고 오른쪽으로 보면서 보아 오고 보아 감에 올라가는 것으로써 목표를 삼고서 비록 천생(千生) 만겁(萬劫)과 만난(萬難) 천마(千魔)를 겪더라도 그 마음 그 뜻은 더욱 더 강해질 것이다. 만일 근본이 진실하지 못한 범범한 무리라면 어찌 절벽만 바라보고 그칠 뿐이겠는가. 바람 소리만 듣고도 물러가게 될 것이다.

大意 이는 4단락으로 된 바, 제1에서는 법은 무공철추(無孔鐵鎚)와 같아서 어찌할 수 없기 때문에 기방(奇方)을 제시하였고, 제2는 간절한 마음으로 의정을 일으켜야 함을 말하였고, 제3은 인법(人法)과 미오(迷悟)가 모두 없어져야 효험을 얻을 수 있다는 점을 말하였고, 제4는 공부의 잘잘못에 대해서 언급하고 있다.

示衆(其二四)

拈柱杖召大衆云 還見麼아 人人이 眼裏有睛이라. 不是瞎漢이니 決定是見이니라 以柱杖으로 卓一下云 還聞麼아. 箇箇 皮下有血이라 不是死漢이니 決定是聞이니라 旣見旣聞인댄 是箇甚麼오 以柱杖으로 ㊀하시고 見聞은 卽且止하고 只如六根未具之前과 聲色未彰之際에 未聞之聞과

未見之見은 正恁麼時에 畢竟以何爲驗고 以柱杖으로 ㉠하시고 吾今與汝로 保任斯事하노니 終不虛也니라 以柱杖으로 ㉡하시고 三十年後에 切忌妄通消息이어다. 靠柱杖下座하시다.

若論此事인댄 只要當人이 的有切心이니 纔有切心이면 眞疑便起리라 眞疑起時에 不屬漸次하고 直下에 便能塵勞頓息하야 悟散 屛除하며 一念不生하야 前後際斷하리니 纔到者般時節이면 管取推門落臼어니와 若是此念 不切하야 眞疑 不起인댄 饒你坐破蒲團百千萬箇라도 依舊日午打三更하리라.

迷中有悟하고 悟復還迷니 直須迷悟兩忘하고 人法俱遣하야사 衲僧門下에 始有語話分하리라 大衆아 旣是迷悟兩忘하고 人法俱遣인댄 共語話者는 復是阿誰오 速道速道하라.

若論此事인댄 如登萬仞高山에 一步一步 將擠至頂하되 唯有數步 壁絶攀躋니 到者裡하야는 須是箇純鋼打就底라야 捨命拚身하고 左睚右睚하야 睚來睚去에 以上爲期하야 縱經千生萬劫과 萬難千魔라도 此心此志는 愈堅愈强이어니와 若是根本 不實한 泛泛之徒인댄 何止望崖리오 管取聞風而退矣리라

25. 섣달 그믐밤의 소참

　1년 3백 60일이 어느덧 오늘 밤으로 끝나건만 열에 다섯 쌍은 참선을 하되 선을 알지 못하고 도를 배우되 도를 알지 못하는구나. 다만 이 부지불식(不知不識) 네 글자가 바로 삼세 부처님들의 골수며 일대 장교(一大藏敎)의 근원이니 영리한 사람이 이렇게 말하는 것을 들으면 마치 용이 물을 얻은 것과 같고 범이 산을 의지함과 같아서 천상에나 인간에나 가로 세로 걸림이 없을 것이다.

　그렇기는 하나 점검해 보면 아직 이쪽 소식이다. 만일 저쪽, 다시 저쪽의 일착자(一着子)를 말하자면 설령 서역의 28조와 중국의 6조와 천하 노화상〔老古錐〕에 이르기까지 아직 투철하게 깨닫지 못하였다고 감히 말하겠다.

　산승이 이렇게 말할 적에 별안간 어떤 이가 너무 분한 마음이 치밀어 입을 삐쭉거리면서 뛰어나와 말하기를 "고봉 고봉아! 너는 무슨 장처가 있기에 그렇게 큰 소리를 치느냐?" 한다면 나는 그에게 다만 "내년에 다시 새 가지가 돋아서 봄바람에 시달림을 끝내 쉬지 않으리라"고 말하리라.

大意 이는 부지불식(不知不識) 4자가 곧 불성(佛性)임을 밝힌 것이다. 이 4자는 달마(達磨)의 부지성제(不知聖諦)와 육조(六祖)의 불회불법(不會佛法)과 같은 선문(禪門)의 도리이다.

除夜小參(其二五)

一年三百六十日이 看看逗到今宵畢이어늘 十箇有五雙이 參禪하되 禪又不知하며 學道하되 道亦不識하나니 只者不知不識四字가 定是三世諸佛骨髓며 ·大藏敎根源이라 靈利漢이 纔聞擧着하면 如龍得水하고 似虎靠山하야 天上人間에 縱橫無礙하리라 然雖如是나 點檢將來컨댄 猶是者邊底消息이니 若謂那邊更那邊一着子인댄 直饒西天四七과 唐土二三으로 以至天下老古錐히 敢保未徹在라하리라 山僧이 與麽告報에 忽有箇漢子 心憤憤口悱悱하야 出來道하되 高峰高峰아 你有甚長處관대 開得者般大口오하면 只向他道하되 來年更有新條在하야 惱亂春風卒未休라하리라

26. 대중에게 보임

 온 종일 옷을 입지만 한 실오라기도 걸친 적이 없으며 온 종일 밥을 먹지만 한 톨의 쌀도 먹은 적이 없다. 이미 그렇다면 말해 보라. 지금 몸에 입은 것과 매일 입으로 먹는 것은 무엇인가? 여기에 이르러서는 밝음과 밝지 못함과 사무침과 사무치지 못함을 논하지 않고 한치의 실과 한방울의 물이라도 소가 되어 밭을 갈아 그에게 갚아야 한다. 무슨 까닭인가. 한조각 흰구름이 골짜기에 자욱하니 얼마나 많이 돌아가는 새가 스스로 집을 잃고 헤매였던고.

 만일 이 일을 말하자면 마치 담 곁에서 개를 쫓고 쫓아서 막다른 좁은 골목에 이르러서는 몸을 뒤쳐 저에게 한번 물림을 면하지 못하는 것과 같다. 지금 그에게 물린 이가 있는가?
 주장자를 한번 세우고서 말하기를 아야 아야.

 도를 배움에 처음과 같이 마음을 변치 말아서 온갖 마군과 갖은 어려움을 당하여도 더욱 정신이 또렷또렷하여 곧 허공의 골수(骨髓)를 두드려 내고 금강의 뒤통수에 박힌 못을 뽑아내야 한다.

만일 이 일의 공부함을 말하자면 마치 철선(鐵船)을 만들어 타고 바다에 들어가 여의보주(如意寶珠)를 취하려는 것과 같으니, 만들어지고 만들어지지 못함을 묻지 말고 다만 맹팔랑(孟八郞)이 용맹스럽게 꾸준히 만들어 문득 어느날 완성하여 타고 바다에 들어가 구슬을 얻어 가지고 와서 노승에게 바치더라도 그것을 한 방망이에 때려 부숴버리지 않을 수 없을 것이다. 왜냐하면 어찌 듣지 못했는가? 있음으로써 이익을 삼고 없음으로써 활용을 삼기 때문이다.

만일 진실히 참구하고 진실히 깨달음을 말하자면 마치 80세 늙은이들이 바람을 거스르고 물살을 거슬러서 한 척의 밑 없는 철선을 끄는 것과 같으니 올라가고 올라가지 못함과 사무치고 사무치지 못함을 묻지 말고 곧 마음 마음이 끊임없이, 생각 생각이 이지러짐이 없이 한걸음 한걸음에 평생의 힘을 다하여 밀고 나아가, 밀어서 다리를 붙일 수 없는 곳과 힘줄이 끊어지고 뼈가 부러질 때 이르르면 별안간 물과 바람이 회전할 것이니 이것이 바로 집에 이르른 소식이다. 지금 집에 이르른 이가 있느냐? 주장자로 한 번 치고 말하기를 10만 8천[1]이로다.

 만일 이 일을 말하자면 오랜 겁 동안 수행하여 공덕을 쌓음을 빌리지 않고 어질고 어리석고 영리하고 둔하고 오랫동안 참구하고 처음으로 시작하는 것도 묻지 않고, 다만 맹씨의 여덟째 아들이 위태로움과 죽음과 얻음과 잃음을 돌아보지 않고 크게 분한 뜻을 내고 큰 의심을 일으키되 마치 선재동자가 승열바라문(勝熱婆羅門)[2]을 참례하고서 큰 불무더기 속에 몸을 던져 들어간 것과 같이 함을 소중히 여길 뿐이니 바로 그러한 때에 사람과 경계가 함께 없어지고 마음의 기능이 툭 끊어지면 왼편으로도 오른편으로도 대쪽 맞듯 맷돌 맞듯 할 것이니 동산(洞山)[3]의 마삼근(麻三斤)이 아니면 결정코 운문[4]의 간시궐(乾屎橛)이겠지만 만일 도리어 조

---

1) 십만팔천(十萬八千) : 거리가 멀다는 뜻.
2) 승열바라문(勝熱婆羅門) : 화엄경에 나오는 53선지식(善知識) 가운데 제 8의 선지식, 일찍이 그는 고행 수도승으로 선재동자(善財童子)에게 자행동녀(慈行童女)를 찾아가도록 일러준 수행인.
3) 동산의 마삼근(洞山麻三斤) : 동산 수초(洞山守初)선사에게 어떤 승(僧)이 묻기를 "어떤 것이 부처입니까?"하니 동산이 말하기를 "삼 서근(麻三斤)이니라."고 한 데서 비롯된다.
4) 운문의 간시궐(雲門乾屎橛) : 어떤 승(僧)이 운문 스님에게 묻기를 "어떤 것이 부처입니까?"하니 운문이 말하기를 "마른 똥막대기니라."고 한 데서 비롯된 화두.

는 개처럼 멍하고 도깨비처럼 산란하다면 고봉을 친히 보았다고 말하지 말라. 설사 부처님 뱃속에서 한바퀴 돌아치더라도 여전히 일성사(一星事＝본래불성)에 대해선 캄캄할 것이다.

大意 이는 6단락으로 구성된 문장으로, 제1은 근본차원에서나 현실적으로도 시주의 은혜는 참으로 갚기가 어려움을 말하였고 제2는 공부 지을 때의 마음자세에 대해서 말하였고, 제3은 도를 배우는 마음은 항상 성성(惺惺)하게 해야 하는데 대해서 말하였고 제4는 참다운 깨침이란 깨친 바 없음을 밝혀 주었고, 제5는 간절한 마음으로 공부에 임하여야 함을 밝혀 주었고, 끝으로는 공부의 잘잘못에 대해서 말하고 있다.

示衆(其二六)

終日着衣하되 未嘗掛一縷絲며 終日喫飯호대 未嘗咬着一粒米니 既然如是인댄 且道하라 卽今身上着底와 每日口裡喫底는 是箇甚麽오 到者裡하야는 不論明與不明과 徹與不徹하고 寸絲滴水라도 也當牽犁拽把償他니라 何故오 一片白雲 橫谷口하니 幾多歸鳥 自迷巢오
　若論此事인댄 正如傍牆逼狗하야 逼來逼去에 逼至尖角落頭하야는 未免翻身遭他一口하리니 卽今에 莫有遭他底麽아 卓拄杖一下云 阿耶

阿耶

　　學道如初不變心하야 千魔萬難愈惺惺이니 直須敲出虛空髓하며 拔却金剛腦後釘이니라

　　若論此事의 用工之際인댄 正如打鐵船入海하야 取如意寶珠相似하니 莫問打得打不得하고 但孟八郞이 打將去하야 驀然一旦에 打得成入得海하야 獲得珠將來하야 呈似老僧이라도 不免與伊로 一槌擊碎니 何故오 豈不見道아 有之以爲利하고 無之以爲用이니라

　　若論實參實悟인댄 正如八十翁翁이 向逆風逆水裏하야 牽一隻無底鐵船相似니 不問上與不上과 徹與不徹하고 直須心心無間하며 念念無虧하야 一步一步에 盡平生伎倆捱將去하야 捱到着脚不得處와 筋斷骨折時하야 驀然水轉風回하면 卽是到家消息이니라 卽今에 莫有到家底麽아 卓拄杖一下云 十萬八千이로다.

　　若論此事인댄 不假長劫熏修하야 積功累德하며 亦不問賢愚利鈍과 久習初機하고 只貴孟八郞漢이 不顧危亡得喪코 發大憤志하며 起大疑情하되 如善財童子가 參勝熱婆羅하야 大火聚中에 投身而入이니 正恁麽時에 人法俱忘하고 心機泯絶하야 左之右之에 築着磕着하리니 不是洞山 麻三斤이면 定是雲門 乾屎橛이어니와 若還毾毾𣯶𣯶하며 魍魍魎魎인댄 莫道親見高峰하라 直饒向老胡肚皮裏하야 打一遭라도 依前乾沒一星事리라

27. 직옹 거사의 편지에 답함

 보내온 편지에 질문한 것이 모두 도(道) 배우는 사람들이 공부할 때 의혹(疑惑)하는 곳을 변론하였으므로, 그것을 해결하여 늦게 배우는 이와 처음 발심한 이들이 공부해 나아가는데 막힘이 없이 하겠다. 묻기를 "평상심이 도입니까. 무심이 도입니까?" 하니 이 평상심(平常心)이다, 무심(無心)이다 하는 말이 얼마나 많은 사람을 성취시켰으며 얼마나 많은 사람들을 그르쳤던가. 흔히 진흙 속에 가시가 있고 웃음 속에 칼이 있는 줄 모르는 이는 방망이를 휘둘러 달을 치고 대나무를 이어서 하늘을 찌르려는 것 같을 뿐이겠는가. 옛사람은 한마디나 반구절을 답하더라도 마치 취모리(吹毛利)[1]의 칼을 휘둘러 타인의 목숨을 끊고자 함과 같이 하였다. 만일 가죽 아래 피가 있는 놈이라면 당장에 알아버리고 다시는 사량하지 않겠지만, 만일 아픔과 가려움을 알지 못하는 이라면 설령 해골이 온 땅에 널려 있더라도 일성사(一星事)

---

1) 취모리(吹毛利)의 칼 : 명검(名劍)의 하나. 칼날 위에 털을 올려 놓고서 불면 털이 잘라지는 예리한 칼을 말함.

는 여전히 알지 못할 것이다.

또 돌 속에 옥이 감춰져 있는 것과 같아서 아는 이는 연성지벽(連城之璧)²⁾인 줄 알겠지만 모르는 이는 한 덩이 딱딱한 돌로만 본다. 무릇 옛 사람들의 깨달은 경지를 보려면 말과 글귀에서 이르려고 해서는 안 된다. 말해 보라. 말과 글귀에 있지 않다면 필경에 어느 곳에 있을 것인가? ❂을 하시고 만일 여기에서 알아차리면 문득 이 일은 닦고 다스림을 빌리지 않는 것이 마치 몸이 팔을 쓰는 것과 같으며 팔이 주먹을 쓰는 것과 같아서 극히 나타남을 이루었으며 극히 힘이 덜림을 알 것이니 믿어지면 옳은 것이다. 어찌 눈을 부릅뜨고 눈썹을 세우며 모양을 짓고 모양을 이루어서 한 글자만 관찰하랴?

그렇지 못하면 옛사람이 말하기를 "무심이 곧 도라고 말하지 말라. 무심도 오히려 한 겹 관문이 막혔다." 하였으니 어찌 한 겹뿐이겠는가. 다시 백천만 겹이 있는 줄 알아야 한다. 진실로 분한 마음을 내어 정진하되 한번 죽을 고비를 넘기면서 공부하지 않으면 어찌 목석과 다를 것이 있겠는가.

무릇 공부를 하여 구경의 경지에 이르면 자연 무심삼매에

---

2) 연성지벽(連城之璧) : 한비자(韓非子)에 나오는 고사(故事)로서 진(秦)나라 소왕(昭王)이 조(趙)나라 혜왕(惠王)에게 성(城) 열다섯과 바꾸자고 한 유명한 보주(寶珠) 화씨벽(和氏璧).

들게 되니 앞의 무심과는 하늘과 땅처럼 다르다. 달마 대사가 말하기를 "마음을 장벽과 같이 하라." 하였으며, 공자는 석달 동안 고기맛을 잊었으며, 안회(顔回)는 온종일 어리석은 듯하였으며, 가도(賈島)[3]는 퇴(推) 고(敲)하였으니 이러한 것들이 곧 무심의 종류이다. 여기에 이르러서는 드는 이와 들 것과 의심하는 이와 의심할 것이 동시에 잊어지며 동시에 없어지며 없는 것마저 없어지리니, 향엄 스님이 돌멩이가 대나무에 부딪치는 소리를 듣고 깨달은 것과 영운 스님이 복사꽃을 보고 깨달은 것과 현사 스님이 돌뿌리를 차고서 깨친 것과 장경 스님이 발을 말아 올리다가 깨달은 것이 모두 이 무심으로 인하여 깨닫지 않은 것이 없다. 여기에 이르러서는 설사 털끝만치라도 깨달음을 기다리는 마음이 생기거나 가는 티끌만치라도 정진하려는 생각이 일어난다면 곧 속이려는 마음이 아직 쉬어지지 못하였으며 주관과 객관이 잊어지지 않은 것이다. 이 한 병통은 모두 도를 장애하는 단서이다. 만일 참으로 공한 이치를 깨달아 계합하여 친히 옛사람들의 경지에 이르려면 반드시 무심삼매에 이르러야 비로소 되는 것이다.

---

3) 가도(賈島) : (777~841) 중당(中唐) 시인. 원래 법명은 무본(無本)이었는데 환속한 인물. 가도가 승고월하문(僧敲月下門)이라는 시구(詩句)를 지을 때 밀 퇴(推)자를 쓸까? 두드릴 고(敲)자를 쓸까 하고 생각에 잠겼다가 마침 지나가던 한유(韓愈)의 행차에 부딪쳐 고(敲)자로 하라는 지도를 받았음.

그러나 이 무심을 그대에게 깨우쳐 준 것이 매우 분명하지만 내가 다시 게송으로써 증거를 대리라.

 이것을 얻지 못하면
 저것을 어찌 얻으랴.
 저것을 얻고 나면
 이것을 잊어버리네.

비록 그렇기는 하나 다시 이것이다 저것이다 함은 다 거짓인 줄 알아야 한다. 정말 진실한 것은 적(寂)! 돌! 아지랑이와 허공꽃이로다.

大意 이는 언어를 따라 알음알이를 내어 사량(思量)하는 바가 없어야 무심삼매(無心三昧)에 부합될 수 있음을 말해주는 경책(警策)의 문장이다.

答直翁居士書(其二七)

來書置問이 皆是辨論學人의 用工上疑惑處니 當爲決之하야 俾晚學初機로 趣向無滯케하리라 問平常心이 是道아 無心이 是道아하니 此平常心無心之語 成却多少人이며 誤却多少人고 往往에 不知泥中有刺하고 笑裡有刀者는 何啻如掉棒打月과 接竹點天이리오 古人의 答一言半句하되 如揮吹毛利刃하야 直欲便要斷人命根이니 若是箇皮下有血底인댄 直下承當하야 更無擬議어니와 若撞着箇不知痛痒底인댄 縱饒觸髏遍地라도 也乾沒星子事리라 又如石中藏玉하야 識者는 知有連城之璧이어니와 不識者는 只作一塊頑石視之하나니 大抵要見古人立地處인댄 不可向語句上着到니라 且道하라 旣不在語句上인댄 畢竟在甚處着到오 ※하시고 若向者裏薦得하면 便知此事 不假修治라 如身使臂하며 如臂使拳하야 極是成現이며 極是省力이리니 但信得及하면 便是라 何待瞠目竪眉하며 做模打樣하야 看箇一字리오

儻或不然인댄 古云 莫道無心云是道하라 無心猶隔一重關이라하시니 何止一重이리오 更須知有百千萬重在니라 苟不發憤志精進하야 下一段死工夫면 豈於木石之有異乎아 凡做工夫하야 到極則處하면 必須自然入於無心三昧하리니 却與前之無心으로 天地相遼니라 老胡云 心如牆壁이라하시며 夫子는 三月忘味하시며 顏回는 終日如愚하며 賈島는 取捨推敲하니 此等이 卽是無心之類也라 到者裏하야는 能擧所擧와 能疑所疑 雙忘雙泯하야 無無亦無하리니 香嚴 聞聲과 靈雲 見色과 玄沙

堅指와 長慶 捲簾이 莫不皆由此無心而悟也니라 到者裏하야 設有毫
釐待悟心生하며 纖塵精進念起하면 卽是偸心未息이며 能所未忘이니
此之一病이 悉是障道之端也라 若要契悟眞空하야 親到古人地位인댄
必須眞正至於無心三昧하야사 始得다 然此無心을 汝譬頗明이어니와
吾復以偈證之하리라 不得者箇면 爭得那箇리오 旣得那箇하야는 忘却
者箇니라 然雖如是나 更須知道者箇那箇 總是假箇니 的的眞底는 聾
咄 陽燄空華로다.

28. 앙산(仰山) 노화상께 사법(嗣法)[1]의심함을 풀어 주는 글

지난 날의 허물을 제가 일찍이 스님 앞에서 자세하게 드러냈었는데 오늘 거듭 의심하시니 처음부터 드러내지 않을 수 없습니다.

제가 15세에 출가하여 16세에 중이 되었고 18세에 불경을 배워 20세에 옷을 바꿔 입고 정자사(淨慈寺)[2]에 들어가 3년 동안 죽음을 한정하고 참선을 배우려 하여 단교 화상에게 물었더니 "태어날 적엔 어디서 왔으며 죽으면 어디로 가는가?"하는 화두를 참구하라 하셨지만, 생각이 두 갈래로 갈라져 마음이 한결같이 되지 않았습니다. 또 그 스님께서 공부하는 법, 말씀해주신 것을 분명히 깨닫지 못해서 그럭저럭 일 년이 넘도록 세월을 허송하여 매일 길을 잃고 헤매는 사람과 같았습니다.

그때에 3년의 기한이 임박하였으므로 바야흐로 고민에 빠

---

1) 사법(嗣法) : 의발(依鉢)을 잇는 것. 법(法)을 이어 제자가 되는 것.
2) 정자사(淨慈寺) : 천목산(天目山) 서봉(西峰) 장공(張公) 마을에 있는 절.

져 있던 끝에 뜻밖에 태주 정형(台州淨兄)³⁾을 만나보니 말하기를 "설암 화상(雪巖和尙)⁴⁾이 늘 그대의 공부에 대하여 물으시는데 왜 한번 가서 묻지 않느냐?"하기에 기쁨에 넘쳐 당장 향을 가지고 북간탑⁵⁾에 가서 법을 물으려고 향을 사르자마자 한 차례 주먹으로 쳐서 쫓아내고 곧 문을 닫아버리시매 눈물을 흘리면서 승당으로 돌아갔습니다.

그 다음날 아침 공양을 마치고 다시 올라가 비로소 가까이할 수 있었습니다. 스님께서 곧 그전의 공부하던 과정을 물으시기에 제가 낱낱이 말씀해드리니 당장에 일전의 쌓이었던 병통을 없애주시고 조주의 무자화두(無字話頭)를 참구하라고 하셨습니다. 처음부터 시작하여 공부를 한번 하여 보니 마치 어둠에서 등불을 얻은 듯하였고 거꾸로 매달리는 고통에서 구제를 받은 듯하였습니다. 그로부터 비로소 공부하는 법을 알았습니다.

또 말씀하시기를 "날마다 올라와 한 번씩 물으라. 공부하는 차례를 알아야 하는 것이 마치 길 가는 행인이 날마다의 노정을 알아야 하는 것과 같으니 오늘도 그럭저럭 내일도 그럭저럭해서는 안 된다." 하셨습니다. 매일 들어 오는 것을

---

3) 태주 정형(台州淨兄) : 고봉 스님의 사형(師兄).
4) 설암 화상(雪巖和尙) : 무준 사범(無準師範)의 제자인 설암 조흠(雪巖祖欽)을 말함. 별호는 앙산(仰山).
5) 북간탑(北澗塔) : 삼탑사(三塔寺)를 말함.

보자마자 곧 물으시기를 "오늘 공부는 어떠한고?" 하여 말하는 것이 단서가 있는 것을 보게 되면 그 뒤에는 공부하는 일은 묻지 않고 문에 들어갈 때마다 문득 물으시기를 "누가 이 송장을 끌고 왔는고?"하시고 그 소리가 끝나기도 전에 곧 주먹으로 냅다 때려 쫓아냈습니다. 매일 그저 그렇게만 물으시고 그렇게 때리시니, 그렇게 다그쳐 물음으로써 조금 진취가 있었습니다.

노화상께서 남명사의 청을 받고 떠나시면서 말씀하시기를 "내가 가서 원(院)에 들어가면 사람을 시켜 너를 데려 가겠다." 하셨으나 그 뒤에 끝내 아무런 소식도 없기에 상주 택형(常州澤兄)[6]과 벗하여 같이 가려고 왕가교(王家橋) 부모님 계시는 곳에 이르러 행장을 정돈하려 하니 뜻밖에 부모님께서 저희들의 나이 어린 것을 염려하시고 또 먼길을 가보지 않았다 하여 행장과 도첩을 모두 빼앗으며 만류하니 때는 2월 초였습니다. 모든 절〔諸方〕에 방부들이는 것이 끝났으므로 모두 찾아갈 수 없게 되어 행장을 꾸려 가지고 경산(徑山)[7]으로 올라갈 수밖에 없어 2월 보름경에 선당(禪堂)에 돌아갔습니다.

어느덧 다음 달 16일 밤이었습니다. 꿈속에서 홀연히 단

---

6) 상주 택형(常州澤兄) : 고봉 스님의 또다른 사형.
7) 경산(徑山) : 단교 화상(斷橋和尙)이 주석했던 절.

28. 앙산(仰山) 노화상께 사법(嗣法) 의심함을 풀어주는 글

교화상이 방장실(方丈室)에서 일러 주신 "만법이 하나로 돌아가니 하나는 어디로 돌아가는고?"하는 화두가 문득 생각 났습니다. 그로부터 의심이 단박 생겨 일념을 이루어서 동과 서를 잊었으며 잠자는 것도 밥먹는 것도 모두 잊어버렸습니다. 그러한 지 6일째 되던 날이었습니다. 진시(辰時)에서 사시(巳時) 사이에 행랑(行廊) 아래서 거닐다가 대중 스님들이 승당에서 나오는 것을 보고 나도 몰래 대열에 섞여 삼탑각에 올라갔습니다. 경을 외우면서 머리를 들어 문득 오조 법연 화상의 진찬(眞讚)의 끝 두 글귀에 "백년 3만 6천 일을 반복(返覆)하는 것이 원래 이놈이다" 한 것을 보자 전에 스님께서 다그쳐 물으시던 '송장 끌고 다니는 놈'이라는 화두를 확연히 깨달으니 곧 혼이 나가고 담이 없어진 듯하고 죽었다가 다시 소생한 듯하였습니다. 어찌 120근의 무거운 짐을 내려 놓은 것과 같을 뿐이있겠습니까. 그때가 바로 신유(辛酉)년 3월 22일 달마 대사 기일(忌日)이었고 제 나이 24세가 되었습니다. 3년의 기한을 채우고서 문득 남명사에 가서 스님께 인가(印可)를 구하려 하였으나 여름 결제가 임박하여 갈 수가 없었습니다. 그리고 고향 사람들도 못가게 하였습니다.

여름철 해제를 하고 나서 비로소 남명사에 가서 스님께 한바탕 허물을 여쭈었습니다. 방장실에서 여러 가지로 단련해주심을 받아 공안(公案)을 분명하게 밝혀내었고, 남에게 속임을 받지 않았으나 그러나 어쩐지 말할 적마다 마음속에 무엇인가 흐릿하여 생활속에서 오히려 자유롭지 못한 것이 마치 남에게 빚을 진 것과 같았습니다. 거기에 있으면서 한 평생 시봉하려고 했었는데 생각밖의 동행(同行)인 택형과 다른 산중으로 가게 되어 문득 좌하를 떠났습니다.

을축(乙丑)년에 이르러 스님께서 남명 도량에서 방부를 받을 때 또 의지하게 되어 스님을 따라 천녕(天寧)으로 가는 도중에 스님께서 힐책하여 물으셨습니다.

"날마다 복잡(浩浩)할 때에도 주재가 되느냐?"하시기에

"주재가 됩니다."라고 대답했습니다. 또

"꿈 속에서도 주재가 되느냐?" 하시기에 역시

"주재가 됩니다."라고 대답했습니다. 다시

"잠이 푹 들어 꿈도 생각도 없고 보는 것도 없을 적에는 너의 주인공이 어디 있는가?"

하시거늘, 여기에서 꽉 막혀 대답할 말이 없고 어떤 이론도 펴놓을 수가 없었습니다. 스님께서는 곧바로 말씀하시되

"오늘부터는 네가 부처를 배우려고도 말고 법을 배우려고도 말며 옛것을 궁구하고 지금것을 궁구하지도 말라. 그저 배고프면 밥먹고 곤하거든 잠자고 잠이 막 깨거든 정신을 가다듬어 나의 한결같이 깨닫는 주인공이 필경 어느 곳에서

28. 앙산(仰山) 노화상께 사법(嗣法) 의심함을 풀어주는 글

안심입명하는가?를 생각하라."

하셨습니다. 그 말씀을 믿고 따르려고 하였지만 본바탕이 우둔하여 밝혀 내기가 점점 어렵기만 하니 어찌하리까. 용수(龍鬚)로 떠나려 하면서 곧 스스로 맹서하기를 "일생을 버리고 한낱 바보 천치가 될지언정 결정코 이 일착자(一着子)를 아주 분명케 하고야 말겠다."라고 했습니다.

5년이 지난 다음이었습니다. 하루는 어떤 암자에서 쉬고 있는 가운데 자다가 잠이 깨어 이 일을 의심하고 있었는데 문득 같이 자던 도반(道伴)이 목침을 밀어 땅에 떨어뜨리는 소리에 활연히 의심 덩어리를 타파(打破)하고 나니 마치 그 물속에 갇혔다가 뛰어 나옴과 같았습니다. 그전에 의심했던 부처님과 조사들의 가지가지 공안과 옛과 이제의 차별법문〔差別因緣〕들을 생각해보니 마치 사주(泗州)에서 큰 성인을 뵈온 듯하고 멀리 떠났던 길손이 고향에 돌아온 듯하여 원래 옛적 그 사람이고 옛날 행리처(行履處)를 바꾼 것은 아니었습니다. 이로부터 나라가 안정되고 천하가 태평해져서 한 생각도 함이 없게 되어 시방세계를 앉은 자리에서 뛰어났습니다.

위와 같이 말씀드린 것은 모두 사실대로입니다. 엎드려 바라옵건대, 위대하시고 자비하신 스님께서는 부디 상세하게 보아주시옵소서.

大意 고봉 화상은 애당초 단교(斷橋) 화상에게서 만법귀일(萬法歸一) 화두를 받아 득력(得力)한 후 마침내 설암 화상이 내려준 타사시구(拖死屍句)에서 깨침을 얻었다. 그렇기 때문에 단교 화상에게 법을 잇는다 할지라도 잘못될 것이 없다. 그런데 용무차 설암 화상이 고봉 화상 근처에 이르게 되었다. 그때 설암 화상은 고봉 화상에게 시자를 보내어 누구에게로 사법(嗣法)할 것인가를 묻자 당시 고봉 화상은 사관(死關)을 세우고 죽어도 산문(山門) 밖을 나가지 않겠다라는 스스로의 맹서를 지키고자 스승의 명(命)도 사양한 채 이 서신으로 대신한 것이다. 여기서 앙산(仰山)은 설암(雪巖)을 말한다.

通仰山老和尙疑嗣書(其二八)

昔年敗闕을 親曾剖露師前이러니 今日重疑하실새 不免從頭拈出하노이다 某甲이 十五歲出家하야 十六爲僧하고 十八習敎하고 二十更衣入淨慈하야 立三年死限하고 學禪하려하야 請益斷橋和尙하니 令參箇生從何來며 死從何去케하야시늘 意分兩路하야 心不歸一하며 又不曾得他의 說做工夫處分曉하야 看看擔閣一年有餘하니 每日에 只如箇迷路人相似러이다 那時에 因被三年限逼하야 正在煩惱中이러니 忽見台州淨兄하니 說雪巖和尙이 常問你做工夫하시니 何不去一轉고하야늘 於是에 欣然懷香하고 詣北澗塔頭하야 請益할새 方問訊揷香에 被一頓痛拳打出하

28. 앙산(仰山) 노화상께 사법(嗣法) 의심함을 풀어주는 글 173

시고 卽關却門하야 一路垂淚하고 回至僧堂이라가 次日에 粥罷復上하야 始得親近이러니 卽問已前做處어시늘 某甲이 一一供吐하니 當下에 便得勸除日前所積之病하시고 却令看箇無字어시늘 從頭開發하야 做工夫一遍하니 如暗得燈하고 如懸得救라. 自此 方解用工處니이다.

又令日日上來一轉하되 要見用工次第를 如人 行路에 日日要見工程이니 不可今日也恁麼하며 明日也恁麼케하시고 每日纔見入來에 便問今日工夫如何오하사 因見說得有緒後에 竟不問做處하시고 一入門에 便問阿誰與你로 拖者死屍來오하사 聲未絶에 便以痛拳으로 打出하사 每日에 但只恁麼問恁麼打하시니 正被逼拶하야 有些涯際러니 値老和尙이 赴南明請하야 臨行에 囑云 我去入院了코 却令人으로 來取你라하시고 後竟絶消息이어늘 卽與常州澤兄으로 結伴同往하려하야 至王家橋俗親處하야 整頓行裝이러니 不期에 俗親이 念某甲等年幼하고 又不曾涉途하야 行李度牒을 總被收却하니 時는 二月初라 諸方掛搭에 皆不可討일새 不免挑包上徑山하야 二月半歸堂니이다

忽於次月十六夜夢中에 忽憶斷橋和尙의 室中所擧萬法歸一一歸何處話하니 自此疑情頓發하야 打成一片하야 直得東西不辨하며 寢食俱忘이라 至第六日하야 辰巳間에 在廊下行이라가 見衆僧堂內出하고 不覺에 輥於隊中하야 至三塔閣上하야 諷經이라가 擡頭忽睹五祖演和尙의 眞讚末後兩句에 云 百年三萬六千朝 返覆元來是這漢하고 日前被老和尙의 所問拖死屍句子를 驀然打破하니 直得魂飛膽喪하야 絶後再甦이라 何啻如放下百二十斤擔子리잇고 乃是辛酉三月廿二少林忌

日也러이다 其年이 恰卄四歲요 滿三年限이라 便欲造南明求決이나 那堪逼夏리잇고 諸鄕人도 亦不容하야 直至解夏코사 方到南明하야 納一場敗闕하니 室中에 雖則累蒙煅煉하야 明得公案하고 亦不受人瞞이나 及乎開口하야는 心下 又覺得渾了하야 於日用中에 尙不得自由 如欠人債相似라 正欲在彼하야 終身侍奉이러니 不料에 同行澤兄이 有他山之行할새 遽違座下니이다

至乙丑年하야 老和尙이 在道場하사 作掛牌時에 又得依附하야 隨侍赴天寧할새 中間에 因被詰問하사대 日間浩浩時에 還作得主麽아 答云作得主하노이다 又問睡夢中에 作得主麽아 答云作得主하나이다 又問正睡着時에 無夢無想하며 無見無聞하니 主在甚麽處오하야 到者裏하야는 直得無言可對하며 無理可伸이러니 和尙이 却囑云從今日去하야 也不要你 學佛學法하며 也不要你 窮古窮今하노니 但只飢來喫飯하며 困來打眠이라가 纔眠覺來에 却抖擻精神하되 我者一覺主人公이 畢竟在甚處하야 安身立命고하라하야시늘 雖信得及하야 遵守此語나 奈資質遲鈍하야 轉見難明이리잇고 遂有龍鬚之行할새 卽自誓云 拚一生하야 做箇癡獃漢이언정 定要見者一着子明白하리라 하였나이다. 經及五年하야 一日에 寓庵宿이라가 睡覺에 正疑此事러니 忽同宿道友推枕子하야 墮地作聲에 驀然打破疑團하니 如在網羅中跳出이라 追憶日前에 所疑佛祖 諸訛公案과 古今差別因緣하니 恰如泗州 見大聖하며 遠客 還故鄕하야 元來只是舊時人이라 不改舊時行履處러이다 自此로 安邦定國하고 天下太平하야 一念無爲하야 十方坐斷이니이다 如上所供은 並是詣實이니 伏望尊慈는 特垂詳覽하소서

29. 실중의 삼관(三關)[1]

 돋는 해가 허공에 당도함에 비추지 않는 곳이 없거늘 무엇 때문에 조각구름에 가리움이 되었는가?
 사람마다 하나의 그림자가 있어서 촌보도 옮기지 아니하되 무엇 때문에 밟혀지지 않는가?
 온 대지가 하나의 불구덩이이니 무슨 삼매를 얻어야 불에 타지 않을까?

大意 이 삼관(三關)은 고봉 스님이 항상 학인을 제접(提接)한 화두임과 동시에 선사 또한 오도 후의 보림공부(保任工夫)였기도 하다.

---

1) 삼관(三關) : 삼관(三關)이란 3가지 관문으로써 학인을 점검하는 것이다. 고봉 화상 이외에도 황룡(黃龍)의 삼관, 도솔(兜率)의 삼관, 자운(慈雲)의 삼관 등이 있다.

室中三關(其二九)

杲日 當空에 無所不照어늘 因甚被片雲 遮却고
人人이 有箇影子하야 寸步不離어늘 因甚踏不着고
盡大地 是箇火坑이니 得何三昧하야사 不被燒却고

고봉 화상 선요 발(高峰和尙禪要 跋)

고령(古靈)[1]은 '경 열람하는 것으로써 묵은 종이를 뚫는다.' 하였고, 윤편(輪扁)[2]은 '책 읽는 것으로써 찌꺼기를 맛본다.' 하였다. 도는 진실로 언어와 문자로 구할 것이 아니기 때문이다. 그러나 도는 방소가 없고 심체(心體)는 모양이 없으니, 만일 언어와 문자가 아니면 무엇에 의해 밝히겠는가.

그러므로 우리 부처님, 세존께서 비록 근기를 따라 이끌어 교화하시고 자세히 이루어주시고 치밀하게 돌보아주셨으나 12부(部) 법(法)을 말씀하지 않을 수 없었고, 달마(達磨) 스님이 서역[西天]에서 오시어 비록 문자를 세우지 않았으나 법을 주고 받을 때에는 입으로 전하고 대면하여 명령하셨으니, 역시 언어를 등지지 않았던 것이다.

대개 도는 언어와 문자에 있지 않으나 진실로 언어와 문

---

1) 고령(古靈) : 신찬 선사(神贊禪師). 백장 회해(百丈 懷海)의 법을 이음.
2) 윤편(輪扁) : 춘추시대(春秋時代) 제나라 사람. 수레바퀴를 만드는 자로서 유명함.

자를 여의지도 않았다. 특히 가장 정미(精微)한 뜻은 언어 밖에 갖추어져 있으므로 쉽게 엿볼 수 없다. 세상의 학자들은 흔히 말에 탐착(耽着)하여 그 정미한 뜻을 체달하여 알지 못하니, 마치 달을 가리키는 손가락만 보고 하늘에 떠 있는 달은 보지 못하는 격이다. 그래서 언어와 문자를 장애물로 여겨 마침내는 고령과 윤편으로 하여금 격분하여 묵은 종이를 뚫는다거나 찌꺼기를 맛본다는 비방을 하게 된 것이다.

그러나 언어와 문자는 바로 마음자리를 밝혀 내고 도의 묘리를 그려 내기 위함이거니 어찌 도에 장애가 되랴.

고봉 화상께서 설법하신 것이 구름과 같고 비와 같이 많거늘 직옹 홍군(直翁洪君)이 그중에서 기방(奇方)과 비주(秘呪)를 모아 선요(禪要)라 이름했고, 영중사 스님이 잇따라 판에 새겨 널리 전하였다. 이것은 그물을 들어 벼릿줄을 얻고 갓옷을 추켜들어 깃을 드는 것이다. 그리하여 도를 배우는 이들로 하여금 법어의 중요함으로써 도체(道體)의 전모(全貌)를 알게 하였으니, 그 후학들을 깨우치고 인도하는 마음이 돈독하다고 할 만하다.

도를 배우는 이들이 여기에서 과연 잘 흡족하게 구하며, 꾸준히 참구하여 나아간다면 환연(渙然)히 얼음 풀리듯하고 이연(怡然)히 이치가 풀릴 것이다. 공부하는 차례와 정진해 나아가는 지조(志操) 방법에 대하여는 노사(老師)께서 이미 하나도 남김없이 말씀해주신 것이 모두가 이 책에 있건만 다만 도를 배우는 이들이 능히 맹렬하게 알아차리지 못할까 염려될 뿐이다. 아! 편작(扁鵲)[3]의 처방 가운데 신령스러운 약이 갖추어 있으니, 그것을 신단(神丹)이라 하고 혹은 무우산(無憂散)이라고도 한다. 죽은 이를 소생(蘇生)시켜 일어나게 하는 효능이 찰나 사이에 있다. 안목을 갖춘 이가 정신을 가다듬고 심력(心力)을 다하여 부지런히 구하면 얻지 못할 것이 없을 것이다.

　노사의 말씀이 어찌 그대들을 속이겠는가. 도를 배우는 이들이 행여라도 고령과 윤편의 말을 잘못 알고서 노사의 간절히 타이르신 가르침을 저버리지 않으면 직옹과 영중의 공이 헛되지 않게 될 것이며, 또한 이 어록을 보고서 발명(發明)을 얻는 이들로 하여금 유독 전일 고봉 스님 당시에만 아름다운 것이 되지는 않으리라.

　　　　　　　　　지원(至元) 갑오 10월 16일
　　　　　참학 청초 정명[4] 주영원(參學淸苕淨明朱穎遠)은
　　　　　　　　　　　삼가 발문을 쓰다.

---

3) 편작(扁鵲) : 춘추시대의 유명한 의원(醫員).
4) 정명(淨明) : 고봉 스님의 재가 제자.

大意 도체(道體)는 형용(形容)할 수 없지만 기연(機緣)을 따라 가르침을 펴기 위해서 부득이 문자의 방편을 쓰지 않을 수 없었던 만큼 문장의 조백(糟粕)에 얽매이지 말기를 바라는 글이다.

跋

古靈은 以閱經으로 爲鑽故紙라하고 輪扁은 以讀書로 爲味糟粕이라하니 良以道는 不可以言語文字로 求也라 然이나 道無方하고 體無形하니 似非言語文字면 何從而明之리오 是以로 吾佛世尊이 雖隨機化誘하사 曲成密庸이나 而不能不談十二部法하시며 達摩西來하사 雖不立文字나 而授受之際에 口傳面命하사 亦不能以忘言하시니 蓋道雖不在於言語文字나 實不離於言語文字라 特精微之旨는 具於辭說之表하야 未易窺睹일새 世之學者가 往往沈着於語下하야 不能體會其精微하야 徒觀標月之指하고 不覿當天之月하야 遂以言語文字로 爲礙하야 致俾古靈輪扁으로 激而爲故紙糟粕之譏로다 然이나 言語文字는 正所以發明心華하야 模寫道妙니 初何嘗碍道哉리오

高峰和尙說法이 如雲如雨어늘 直翁洪君이 撮其奇秘하야 名曰 禪要라하고 永中上人이 從而鋟梓하야 以廣其傳하니 學網而得綱이며 挈裘而振領이라 將俾學者로 因法語之要하야 以會道體之全하니 其開牖後學之心이 可謂篤矣로다 學者가 於此에 果能優遊以求之하며 厭

飫以趣之하야 渙然氷釋하고 怡然理順하면 則工夫次第와 進趣操略을 老師 已和盤托出하사 盡在此書矣언마는 特患學者가 未能猛烈承當 耳로라 吁라 扁鵲方中에 具有靈藥하니 或名神丹이며 或名無憂散이라 回生起死 功在刹那하니 具眼目着精神盡心力하야 汲汲而求之하면 未有不得者리니 老師之言이 豈欺汝也리오 學者가 愼無錯認古靈輪 扁之言하야 而忘老師諄諄之誨하면 庶幾直翁永中이 功不虛施며 亦 使觀語錄而得發明者로 不專美於前矣리라

至元甲午十月哉生魄에 參學淸苔淨明朱穎遠은 謹跋하노라.

고봉화상 어록
高峰和尙 語錄

염고(拈古)
●
송고(頌古)
●
게송(偈頌)
●
소불사(小佛事)
●
불조찬(佛祖讚)
●
자찬(自讚)

염고(拈古)

두루 일곱 걸음을 걸으시고(周行七步)

세존께서 태어나시자마자 한 손으로 하늘을 가리키고 한 손으로 땅을 가리키면서 사방으로 두루 일곱 걸음을 걸으시고 사방을 돌아보시면서 "천상천하(天上天下)에 오직 내가 홀로 높다."라고 말씀하셨는데, 운문(雲門)이 말하기를 "내가 만일 당시에 그 모습을 보았더라면 한 몽둥이로 쳐죽여 개에게 먹도록 던져주어 천하의 태평을 도모했으리라."고 하였다.

世尊纔生下에 乃一手指天하고 一手指地하며 周行七步하고 目顧四方하면서 云天上天下에 惟吾獨尊이라 하시다 雲門云 我當時에 若見이런들 一棒打殺하야 與狗子喫하야 貴圖天下太平이러라

高峰 선사께서 말씀하셨다. "세존께서는 마치 신령스러운 거북이가 꼬리를 끌고간 자국을 남기어 스스로 제 목숨을 잃게 된 조짐과 너무나 같다. 운문(雲門)은 비록 온전히 바

른 영을 들었으나, 이 또한 부질없는 일을 하여 무명(無明)을 증장(增長)하게 하였다. 당시에 다만 땅 위에다가 하나의 원상(圓相)을 그린 뒤 그 원상 가운데에 나아가 정자(丁字) 한 자를 쓰고서 다시 양손을 펼쳐 보였더라면, 얼음이 녹듯이 기왓장이 무너지듯이[1] 하였을 것이다."

師云 世尊은 大似靈龜曳尾하야 自取喪身之兆라 雲門이 雖則全提正令이라도 也是爲他閑事長無明이로다 當時에 但於地上에 劃一圓相하고 就圓相中하야 書箇丁字하고 復展兩手示之면 管取冰消瓦解리라

나는 설법하지 않겠다(我不說法)

세존께서 어느날 법좌에 오르시어 묵묵히 앉아 계셨는데, 아난 존자가 퇴(椎)를 두드리며 아뢰기를 "세존께서 설법해 주시기를 청하나이다."하니 세존께서 "회중(會中)에 두 비구가 율행(律行)을 범하였으므로 나는 이 때문에 설법하지 않겠노라."고 말씀하셨다. 아난이 타심통(他心通)으로써 두 비구를 관(觀)하여 마침내 그들을 쫓아내었지만 세존

---

* 염고(拈古)와 염송(拈頌)의 제목은 편의상 역자가 붙인 것이다.
1) 의심이 단번에 풀림을 말함

께서는 또한 여전히 말씀이 없으셨다. 아난이 또 아뢰기를 "조금 전에는 두 비구가 율행(律行)을 범했기 때문이었는데 이제 두 비구가 이미 나갔는데도 세존께서는 어찌하여 설법하지 않으십니까."하니 세존께서 말씀하시기를 "나는 맹세코 이승성문인(二乘聲聞人)을 위하여 설법하지 않겠노라."고 하시고, 곧 법좌에서 내려오셨다.

世尊이 一日에 陞座하사 黙然而坐하시니 阿難이 白椎云 請世尊說法하나이다 世尊이 云 會中에 有二比丘犯律行일새 我故不說法하노라 阿難이 以他心通으로 觀二比丘하고 遂乃遣出이나 世尊이 還復黙然이어시늘 阿難이 又白 適來에 爲二比丘犯律이라 하시더니 是二比丘已遣出이로되 世尊이 何不說法이니고 世尊이 云 吾誓不爲二乘聲聞人說法하노라 하시고 便下座하시다

高峰 선사께서 말씀하셨다. "세존께서 능히 천균(千鈞)의 쇠뇌를 당기시니 은산(銀山)과 철벽(鐵壁)이 화살을 맞는 곳마다 모두 뚫려졌다. 아난이 비록 몸을 숨길 수 있는 법을 가졌지만, 뼛속 뒤까지 화살을 맞은 줄을 전혀 깨닫지 못하였다. 또한 이를 피할 수 있는 자가 있느냐?"

師云 世尊이 能挽千鈞之弩하시니 銀山鐵壁도 箭箭皆通이라 阿難이 雖有隱身之術이라도 殊不覺髑髏後中箭이로다 還有躱得過底麽아

세존은 대답하지 않으셨다(世尊不對)

이학(異學·外道人)이 세존께 모든 법은 영원불변〔常〕한 것이냐고 묻자, 세존께서 대답하지 않으시니, 또다시 모든 법은 무상한 것이냐고 여쭈었지만, 역시 대답하지 않으셨다. 이학이 말하기를 "세존께서는 일체의 지혜를 갖추고 계시는데, 어찌하여 저에게 답해 주시지 않으십니까?"하니 세존께서 "그대가 물은 바는 모두가 희론이기 때문이다."라고 말씀하셨다.

世尊이 有異學問諸法是常耶아하니 世尊이 不對하시다 又問諸法是無常耶아하니 亦不對하시다 異學이 曰 世尊은 具一切智어시늘 何不對我니고 世尊이 云 汝之所問은 皆爲戲論이니라

高峰 선사께서 말씀하셨다. "이학은 말을 하였으나 벙어리와 같고, 세존께서는 말씀이 없으셨으나 우뢰와 같다. 여기에서 분명하게 보더라도 희론을 더한 것이다. 무엇 때문일까? 자세히 듣고 자세히 들어보아라."

師云 異學은 有言若啞오 世尊은 無語如雷니라 遮裏에 見得分明이라도 正是增益戲論이로다 何故오 諦聽諦聽하라

자자일에 문수를 쫓아내려고 하였다(自恣擬擯)

세존께서 자자일(自恣日, 해제일 : 7월 15일)을 맞이하셨는데 문수(文殊)가 세 곳에서 하안거(夏安居)를 지냈는지라, 가섭이 문수(文殊)를 쫓아내려고 퇴[2]를 잡자, 백천만 억 명의 문수가 현신하였다. 가섭이 그의 신통력을 다하였지만 퇴를 들 수가 없었다. 세존께서 마침내 가섭에게 묻기를 "그대는 어느 문수를 쫓아내려고 생각하느냐."라고 말씀하시니, 가섭은 대답이 없었다.

世尊이 因自恣日에 文殊三處過夏라 迦葉이 欲白槌擯出하야 纔拈槌에 乃見百千萬億文殊어늘 迦葉이 盡其神力하야도 槌不能擧라 世尊이 遂問迦葉하시되 汝擬擯那箇文殊오 迦葉無對하다

高峰 선사께서 말씀하셨다. "문수가 알고 있는 것을 가섭이 알지 못하고, 가섭이 알고 있는 것을 문수가 알지 못하였다. 그들이 알지 못한 것은 그만 두더라도 백천만 억의 문수 중에 누가 참 문수인가?"

師云 文殊知底迦葉不知하고 迦葉知底文殊不知라 彼彼不知且置

---

2) 퇴(槌) : 8각형 방망이로서, 설법 전에 "자세히 법왕법을 보아라. 법왕법이 이와 같느니라(諦觀法王法, 法王法如是)"를 외우면서 딱딱 쳐 대중을 정숙시키는 도구.

하고 百千萬億文殊에 那箇是眞底오

꽃을 들어 보이셨다(拈花示衆)

세존께서 옛날 영산회상(靈山會上)에 계실 적에 꽃을 들어 대중에게 보이셨는데, 그때에 대중은 모두 말이 없었지만 오직 가섭 존자만이 빙그레 미소를 지으니, 세존께서 "나에게 정법안장(正法眼藏)과 열반묘심(涅槃妙心)과 실상무상(實相無相)과 미묘법문(微妙法門)과 불립문자(不立文字) 교외별전(敎外別傳)이 있으니 이를 마하가섭(摩訶迦葉)에게 부촉(付囑)하노라."고 말씀하셨다.

世尊이 昔在靈山會上하사 拈花示衆하시니 是時에 衆皆默然이로되 惟迦葉尊者가 破顔微笑어늘 世尊云 吾有正法眼藏 涅槃妙心 實相無相 微妙法門 不立文字 敎外別傳하니 付囑摩訶迦葉하노라

高峰 선사께서 말씀하셨다. "세존께서 머리를 붙잡으시고 가섭은 꼬리를 붙잡았지만 오늘날까지도 들어 일으키지 못하였다. 함께 힘을 쓸 수 있는 자가 없느냐?"라고 하고, 두 손으로 붙드는 시늉을 한 뒤에 말씀하시기를 "꼼짝도 않는 것이로다."라고 하셨다.

師云 世尊은 扶頭하고 迦葉은 扶尾나 直至如今히 擡擧不起로다 莫有共著力者麼아 以兩手로 作扶勢云也只兀底로다

세존께서 손으로 가슴을 만지시면서(世尊摩胸)

세존께서 열반회상에서 손으로 가슴을 만지시면서 대중에게 고하여 말씀하시기를 "그대들이 나의 자마금색(紫磨金色)의 몸을 잘 보아라. 마음껏 우러러 보고서 후회하는 일이 없도록 하라. 만일 내가 '멸도(滅度:入寂)하였다.'라고 말하면 나의 제자가 아니요, 만일 내가 '멸도(滅度)하지 않았다.'라고 말하더라도 또한 나의 제자가 아니다."라고 하시니 당시 백만 억 대중이 모두 다 깨달았다.

世尊이 於涅槃會上에 以手摩胸하시고 告衆云 汝等은 善觀吾紫磨金色之身하되 瞻仰取足하야 勿令後悔하라 若謂吾滅度라도 非吾弟子요 若謂吾不滅度라도 亦非吾弟子니라 時에 百萬億衆이 悉皆契悟하니라

高峰 선사께서 말씀하셨다. 황면구담(黃面瞿曇;부처님)이 49년을 엎어질듯 넘어질듯 바삐 돌아다니며 종횡으로 자유자재하게 설법을 하여 말후(末後)의 은근(慇懃)함을 도모하려

고 하였지만, 이는 백만 억의 중생을 속여, 그들로 하여금 철위산(鐵圍山) 아래에 떨어져 해탈할 길이 없게 한 줄을 전혀 알지 못하셨다."

師云 黃面瞿曇이 四十九年을 顚之倒之하고 橫說堅說하야 貴圖末後殷勤이나 殊不知賺他百萬億衆生하야 令墮在鐵圍山下하야 無由解脫이로다

지장의 머리는 희고 회해의 머리는 검다(藏白海黑)

마대사(馬大師)에게 어떤 스님이 "사구(四句)를 여의고 백비(百非)를 끊고서 곧 서래의(西來意: 達摩가 西域에서 東土에 온 뜻)를 가르쳐 주시기를 청하나이다."라고 하니 마대사가 말씀하시기를 "내가 오늘 피곤하여 그대에게 말하여 줄 수 없으니, 지장(智藏)에게 가서 물어보도록 하라."고 하셨다. 스님이 이에 지장스님에게 묻자, 지장이 말하기를 "어찌하여 화상에게 묻지 않았는가?"라고 하니 스님은 "화상께서 지장을 찾아가 물으라고 하셨습니다."라고 하였다. 지장이 말하기를 "나는 오늘 머리가 아파서 그대에게 말하여 줄 수 없으니, 회해(懷海) 스님을 찾아가 물어보도록 하라."고 하니 스님이 마침내 회해 스님에게 묻자, 회해 스님이 말하기

를 "나는 여기에 이르러서는 알지 못하노라."고 하였다. 스님이 돌아가서 이 말을 마대사(馬大師)에게 전하자, 마대사가 말씀하시기를 "지장의 머리는 희고, 회해(懷海)의 머리는 검도다."라고 하셨다.

馬大師因僧問 離四句 絶百非하고 請師直指西來意하나이다 師云 我今日勞倦하야 不能爲你說이니 問取智藏去하라 僧乃問藏하니 藏云 何不問和尙고 曰 和尙敎來問이니다 藏云 我今日頭痛하야 不能爲你說이니 去問取海兄하라 僧遂問海하니 海云 我到遮裏하야는 却不會라 僧回擧似師하니 師云 藏頭白하고 海頭黑이로다

高峰 선사께서 말씀하셨다. 마대사 부자일문(馬大師 父子一門)은 부처님의 입에 독사의 마음을 가지고 있을 뿐 아니라 육도삼략(六韜三略)에도 능숙하였도다. 이 스님에게 만일 제갈공명(諸葛孔明)의 지략이 없었다면 몸을 싱하고 목숨을 잃었을 것이다.

師云 馬師父子一門이 非特佛口蛇心이라 亦善六韜三略이로다 遮僧이 若無諸葛孔明之作이런들 管取喪身失命이리라

마음이 곧 부처이다(卽心是佛)

어떤 스님이 마조 대사(馬祖大師)에게 물었다. "어떠한 것이 부처입니까?" 마조 대사가 말씀하시기를 "마음이 곧 부처이니라."고 하셨다.

僧問馬祖하되 如何是佛이니고 祖云 卽心是佛이니라

高峰 선사께서 말씀하셨다. "대중 가운데 상량(商量:사량분별)하여 모두 말하기를 마음이 본래 부처요, 부처 밖에 마음이 없다. 그러므로 마음이 곧 부처라고 하니 괴롭고 괴롭도다. 만일 이와 같은 견해를 짓는다면 분명히 후일 쇠몽둥이로 맞을 분수가 있을 것이다. 이미 이와 같다면 어떻게 해야 하는가. 바윗돌이 누르고 있으니 죽순이 옆으로 돋아나고, 낭떠러지가 가파르니 꽃은 거꾸로 피어나도다."

師云 衆中에 商量하야 皆謂心本是佛이요 佛外無心이라 故云 卽心是佛이라하니 苦哉苦哉로다 若作遮般見解인댄 明後日喫鐵棒有分在이리라 旣然如是인댄 合作麼生고 石壓筍斜出이요 崖懸花倒生이로다

백장 화상과 야호(百丈野狐)

　백장화상(百丈和尙)이 법문을 할 적마다 한 노인이 항상 대중을 따라서 법문을 들었는데, 하루는 대중이 물러갔는데도 노인만이 물러가지 아니하자, 백장 화상이 묻기를 "그대는 어떤 사람인가?"하니 노인이 말하기를 "예! 저는 사람이 아니라, 과거 가섭불(迦葉佛)때에 일찍이 이 산에 머물다가, 학인이 '대수행인도 인과(因果)에 떨어집니까?'라는 물음에 '인과에 떨어지지 않는다'라고 대답하였다가 오백생(五百生)을 야호신(野狐身:여우 몸)에 떨어졌습니다. 지금 청컨대 화상께서는 그에 맞는 한 말씀을 대신하여 야호신에서 벗어나게 해 주십시오." 하고 마침내 묻기를 "대수행인도 인과에 떨어집니까?" 라고 하자 백장 화상이 말씀하시기를 "인과에 어둡지 않느니라."고 하셨다. 노인이 그 말에 크게 깨치고 예배를 올리면서 말하기를 "저는 이미 야호신에서 벗어나 산 뒷기슭에 머물고 있으니, 감히 아뢰건대 화상께서는 승려가 죽었을 때의 사례에 의거해서 장례를 치뤄주시기를 원합니다."라고 하였다. 백장 화상이 유나(維那)로 하여금 퇴(槌)를 울려 대중에게 고하기를 "공양이 끝난 후에 망승(亡僧)을 보낼 것이다."라고 하니, 대중이 수군덕거리기를 "대중이 모두 편안하고 열반당(涅槃堂)에 또한 병든 사람이 없는데 무엇 때문에 이렇게 말씀하실까?"라고 하였다. 공양 후에 백장 화상이 스스로 대중을 거느리고 산 뒷기슭 바위 아래에 이르러, 주장자로 하나의 죽은 야호(野狐)를 끄집어 내어 그를 법에 따라서 화장을 하셨다.

百丈和尙이 凡參次에 有一老人이 常隨衆聽法이러니 一日에 衆退하되 惟老人不退라 丈이 問 汝何人也오 老人云 諾某甲非人也오 於過去迦葉佛時에 曾住此山이러니 因學人問大修行底人도 還落因果也無니가 對云 不落因果니라하고 五百生墮野狐身이니다 今請和尙代一轉語하사 貴脫野狐身하소서하고 遂問大修行底人도 還落因果也無니가 丈云 不昧因果니라하니 老人이 於言下에 大悟하고 作禮云 某甲 已脫野狐身하야 住在山後하니 敢告和尙乞依亡僧事例니다 丈令維那白槌告衆하되 食後送亡僧이리라하시니 大衆言議하되 一衆皆安하고 涅槃堂에 又無病人이어늘 何故如是오 食後丈自領衆하고 至山後巖下하야 以杖挑出一死野狐하야 乃依法火葬하시니라

高峰 선사께서 말씀하셨다. "대중들이여! 앞에는 '떨어지지 않는다(不落)'라고 말하였고 뒤에는 '어둡지 않다(不昧)'라고 말하였으니 이 또한 득실(得失)이 있는 것인가, 없는 것인가? 만일 없다면 무엇 때문에 떨어짐이 있고 벗어남이 있는가? 만일 있다라고 한다면 시험삼아 이를 분명히 말해보도록 하라. 있느냐? 있느냐? 모두 한 떼의 야호의 정령〔野狐

精)이로다. 산승(山僧)이 양민(良民)을 눌러서 천민으로 삼
는 것을 이상쩍게 여기지 말라."

師云 大衆아 前云不落이라 하고 後云不昧라 하니 還有得失也無아
若無인댄 因甚有墮有脫이며 若有인댄 試擧出來分明道看하라 有麼
有麼아 總是一隊野狐精이로다 莫怪山僧壓良爲賤하라

혜충국사가 세 번 물었다(忠國三問)

서천(西天)의 대이삼장(大耳三藏)이 서울에 이르러 타심통
(他心通)을 얻었다라고 하니 숙종황제(肅宗皇帝)가 혜충 국
사(慧忠國師)에게 명하여 그를 시험해 보도록 하셨다. 삼장
(三藏)이 충국사를 보자마자 예배를 올리고 국사의 오른편에
서니, 충국사가 묻기를 "그대는 타심통을 얻었는가?"하니
삼장이 말하기를 "감히 그럴 턱이 없습니다."라고 하였다.
충국사가 말씀하시기를 "그대는 노승이 지금 어디에 있다고
생각하는가?"하니 삼장이 말하기를 "화상은 일국(一國)의
국사이신데, 어찌 서천(西川)에 가서 배타고 달리는 경주를
보십니까?"라고 하였다. 충국사가 한참 있다가 다시 "그대
는 노승이 지금은 어디에 있다고 생각하는가?"라고 물으니
삼장이 말하기를 "화상은 일국의 국사이신데 어찌 천진교
(天津橋) 위에서 원숭이 재롱을 보십니까?"라고 하였다. 충

국사가 세번째 묻자 삼장은 한참 말없이 있다가 간 곳을 알지 못하니, 충국사가 꾸짖어 말씀하시기를 "이 야호정(野狐精靈)아! 타심통이 어디에 있는가?"라고 하자 삼장이 대답하지 못하였다.

忠國師 因西天大耳三藏到京云 得他心通이라하니 肅宗帝가 命國師試驗할새 三藏纔見忠에 乃禮拜立於右어늘 忠이 問汝得他心通耶아 藏曰不敢이니다 忠云 汝道하라 老僧이 卽今在甚處오 藏曰 和尙是一國之師어늘 何得去西川看競渡船이니고. 忠良久再問하되 汝道하라 老僧卽今在甚處오 藏曰 和尙是一國之師어늘 何得向天津橋上하야 看弄胡孫이니고 忠第三問하시니 藏良久罔知去處어늘 忠叱云 遮野狐精아 他心通在甚麼處오 三藏無對하니라

高峰 선사께서 말씀하셨다. "별것 아닌 국사의 평생 기량이 모두 저 호승(胡僧)에게 감파(勘破)당하였다. 그러나 다행히 성군(聖君)의 증명(證明)을 만났다."

師云 大小國師여 平生伎倆이 總被遮胡僧勘破로다 雖然이나 賴遇聖君證明이로다

남전도 역시 누웠다(南泉亦臥)

　남전(南泉) 선사가 암자에 주석할 때에 한 스님이 찾아오자, 남전(南泉) 선사가 말씀하시기를 "나는 산에 올라가 일을 할 것이니, 공양할 때가 되거든 밥을 지어 그대 혼자 먹고 한 그릇을 보내 주도록 하라."고 하셨다. 그 스님이 공양할 때에 이르러 스스로 밥을 지어 먹고, 집안 살림살이를 일시에 부숴버리고서, 편히 평상에 가서 누워 있었는데, 남전(南泉) 선사가 그 스님을 오랫동안 기다려도 오지 않자 마침내 돌아와 보니 그 승려가 누워 있었다. 이에 남전(南泉) 선사 역시 한쪽 곁에 가서 눕자 그 스님이 곧 일어나 가버렸다. 남전(南泉) 선사가 후일에 말씀하시기를 "내가 지난 날 암자에 주석할 때에 영리한 스님 한 분이 찾아왔었는데 오늘날에 이르기까지 그런 분을 보지 못했다."라고 하셨다.

　南泉住庵時에 一僧到어늘 泉乃云 某甲이 上山作務하리니 請齋時作飯自喫了하고 却送一分來하라 其僧이 齋辦自喫了하고 却將家事一時打破하고 仍就牀臥러니 泉伺久不來라 遂歸見僧臥하고 泉亦去一邊臥하니 僧便起去하니라 泉住後云 我往前住庵時에 有箇靈利道者來라 直至如今不見이로다

　高峰 선사께서 말씀하셨다. "남전(南泉) 선사는 비록 한 걸

음 한 걸음 착실히 밟아나갔으나 사람을 따라서 일어나고 거꾸러짐을 면치 못하였고 그 스님이 비록 배불리 먹고 깊이 잠들 줄은 알았으나 결코 밥을 쌀로 짓는다는 것을 알지 못하였다. 고봉이 이와 같이 고한 것이 만일 한 글자라도 허망함이 있다면 영원히 발설지옥(拔舌地獄)에 떨어지리라."

師云 南泉은 雖則步步踏實이나 未免隨人起倒하고 遮僧은 縱解飽食高眠이나 決定不知飯是米做로다 高峰恁麼告報가 設有一字妄虛인댄 永墮拔舌地獄하리라

오대산의 노파(臺山婆子)

어떤 스님이 오대산을 행각하다가 한 노파에게 "오대산으로 가는 길은 어느 곳을 향해 가야합니까?"하고 물으니 노파는 "곧장 가라."고 하였다. 그 스님이 막 서너 걸음을 갔는데 노파는 "멀쩡한 스님이 또한 저렇게 가는구나."라고 하였다. 그 후에 어떤 스님이 이를 조주 선사에게 말씀드리자, 조주 선사는 말씀하시기를 "내가 가서 그 노파를 감파할 것이니 기다려라."하고, 그 이튿날 그곳을 찾아가 또 그와 같이 물으니, 노파가 또다시 그처럼 대답하였다. 조주 선사는 돌아와 대중에게 말씀하시기를 "오대산 노파가 나에게

감파(勘破) 당하였다."라고 하셨다.

趙州因僧遊臺山에 凡問一婆云 臺山路向甚處去오하면 婆云 驀直去하라 僧纔行三五步하면 婆云 好箇師僧이 又與麼去로다 하니라 後有擧似趙州하니 州云 待我去勘過遮婆子하리라 하고 明日便去하야 亦如是問하니 婆亦如是對하니라 州歸謂衆曰 臺山婆子를 我爲勘破了也로다

高峰 선사께서 말씀하셨다. "이 공안을 만일 제방(諸方)의 판단에 의한다면 '조주 선사가 노파를 감파하였다'라고 말하지만, 고봉의 점검한 바에 의거하여 보면 이는 바로 노파가 조주 선사를 감파한 것이다. 필경 무엇으로 증험할 수 있을까? 손으로 가리키면서 말하기를 '곧바로 가라.'"고 하셨다.

師云 遮箇公案을 若據諸方判斷인댄 趙州勘破婆子나 若據高峰點檢將來인댄 正是婆子勘破趙州라. 畢竟以何爲驗고 以手指云 驀直去하라 하시다

개도 불성이 있습니까(狗子佛性)

어떤 스님이 조주 선사에게 물었다. "개에게도 불성이 있습니까, 없습니까?" 조주 선사는 "없느니라."고 말씀하셨다.

僧問趙州하되 狗子還有佛性也無니가 州云 無니라

高峰 선사께서 말씀하셨다. "그 별것 아닌 조주가 한 톨의 콩알을 가지고서 납승의 창자를 뒤흔들어 놓았다. 만일 이를 삼키거나 토하는 자가 있더라도 또한 몸을 상하고 목숨을 잃음을 면하지 못하리라. 무엇 때문인가? 급급하기가 율령(律令)과 같도다."

師云大小趙州가 拈出一粒巴豆子하야 攪惱衲僧腸肚로다 設有吞吐得者라도 亦不免喪身失命이리라 何故오 急急如律令이로다

청주의 베적삼(靑州布衫)

어떤 스님이 조주 선사에게 묻기를 "만법이 하나로 돌아가니 그 하나는 어느 곳으로 돌아갑니까." 하자 조주 선사가 말씀하시기를 "내가 청주(靑州)에 있을 때 베 적삼 한 벌을 만들었는데, 그 무게가 일곱 근이었다."라고 하셨다.

僧問趙州하되 萬法歸一하니 一歸何處오 州云 我在靑州하야 作一領布衫하니 重七斤이니라

高峰 선사께서 말씀하셨다. "조주의 하나의 면밀한 공부는

바람이 불어도 들어가지 않고 비가 몰아쳐도 젖지 않지만, 애석하다! 몸을 보고 옷을 재단할 줄 모르고 도리어 잘못 만들어 놓았으니 고봉은 그렇게 하지 않을 것이다. 문득 어떤 사람이 '만법은 하나로 돌아가니 하나는 어느 곳으로 돌아가느냐'고 묻는다면, 다만 그를 향하여 말하기를 '나는 20년 전에 일찍이 여기에서 한쪽 눈을 잃어 오늘날에 이르기까지 사슴을 가리켜 말이라고 하노라'고 할 것이다. 대중들이여! 말하라. 옛사람과의 거리는 얼마나 되는가?"

師云 趙州一段綿密工夫는 風吹不入이오 雨打不濕이나 惜乎라 不解相體裁衣하야 翻成鈍置라 高峰則不然하야 忽有人問 萬法歸一하니 一歸何處오하면 只向他道하되 我二十年前에 曾向遮裏打失一隻眼睛하야 至今指鹿爲馬하노라 大衆아 且道하라 與古人相去多少오

감지행자의 접대(甘贄接待)

감지 행자(甘贄行者)가 접대(接待)를 베푸는데, 무릇 행자에게 "접대하기란 쉽지 않지요?"라고 묻는 자가 있으면 행자가 말하기를 "이는 배고픈 나귀와 배고픈 말과 같다."라고 하였다. 낭야 선사(瑯琊禪師)는 말씀하시기를 "빨리 밥을 가져 오너라."고 하셨고 오조 화상은 "원컨대 행자는 길이

길이 오늘처럼 하소서."라고 하셨다.

甘贄行者開接待에 凡有問行者接待不易오하면 者云 譬如餓驢餓馬라하다 瑯琊云 快把飯來하라 五祖和尙云 願行者는 長似今日하소서

高峰 선사께서 말씀하셨다. "낭야 화상은 아름답기는 하지만 너무 급히 지어서 공양을 할 수 없고, 오조 화상은 오는 바람을 비추어보지 못하고 한 솥의 멀건 나물국에 애석하게도 많은 양의 소금과 식초를 넣었다. 비유컨대 굶주린 나귀와 굶주린 말과 같다고 함이여. 다만 그를 향하여 말하되 남은 국과 쉰밥을 수고로이 들어내지 말라. 대중들이여! 말하라. 옛 사람과 같은가 다른가? 이를 구별해 내면 하루에 만 냥의 황금도 소화시키겠지만, 그렇지 않으면 물을 마셔도 목이 메일 것이다."

師云 瑯琊和尙은 美則美矣나 只是做造憁忙하야 不堪供養이오 五祖和尙은 不鑑來風하고 一鑊淡虀羹에 可惜着了許多鹽醋로다 譬如餓驢餓馬여 只向他道하되 殘羹餿飯을 不勞拈出하라 大衆아 且道하라 與古人是同가 是別가 定當得出하면 日消萬兩黃金이어니와 不然이면 喫水也須防噎이리라

육긍집안의 바위 하나(陸亘片石)

육긍대부(陸亘大夫)가 남전 선사(南泉禪師)에게 묻기를 "저희 집안에 바위가 하나 있는데 일찍이 앉기도 하고 또한 눕기도 하였습니다. 오늘날 거기에 부처를 새기려고 하는데 괜찮겠습니까?"하니 남전 선사가 말씀하시기를 "될 수 있고 말고!"라고 하였다. 대부가 말하기를 "될 수 없겠습니까?" 하니 남전 선사가 말씀하시기를 "될 수 없지! 될 수 없어." 라고 하셨다.

陸亘大夫問南泉하되 弟子家中有片石하야 亦曾坐하고 亦曾臥라 如今欲假作佛得麼니가 泉云 得得이니라 大夫云 莫不得麼니가 泉云 不得不得이니라

高峰 선사께서 말씀하셨다. "남전(南泉) 선사가 이와 같이 대답한 것은, 이른바 '성인은 일정한 마음이 없어서 백성의 마음으로써 마음을 삼은 것'이다."

師云 南泉恁麼祇對는 正所謂聖人無常心하야 以百姓心爲心也니라

병 속의 거위 한 마리(瓶中一鵝)

대부가 일찍이 남전 선사에게 물었다. "저희 집에서 병 속에다가 거위새끼 한 마리를 길렀는데, 이제와서는 거위가 아주 크게 자랐습니다. 병을 깨뜨리지도 않고 또한 거위를 죽이지도 않고서 내놓으려고 합니다. 화상께서는 어떠한 방편이 있으신지 모르겠습니다." 남전 선사가 큰 소리로 "대부(大夫)!"하고 부르시자, 대부가 대답하니, 남전 선사는 "나왔다."라고 말씀하셨다.

大夫嘗問南泉曰 弟子家中에 於一瓶內에 養得一鵝兒러니 今來長大라 欲出此鵝하노니 且不得打破瓶하고 亦不得損却鵝하고 未審和尙有何方便이니고 泉召云 大夫야 大夫應諾하니 泉云 出也로다

高峰 선사께서 말씀하셨다. "남전 선사가 늙어 정신이 없어서 손과 눈이 따로 놀고 있으니, 설령 꺼냈다하더라도 또한 죽은 재물이다. 고봉은 다만 그를 향하여 말하기를 '대부! 또한 일찍이 사람에게 이것을 보였느냐?'하고서 이에 대답하려고 하면 곧 그에게 수없이 몽둥이질을 할 것이다. 그렇게 하면 다만 이 놈을 위하여 구린내 나는 베 적삼을 벗겨줄 뿐 아니라, 반드시 천하 납승으로 하여금 하나하나 끈끈한 것을 풀어주고 묶여있는 것을 제거하여 평생 동안 경쾌

하게 해 줄 것이다."

師云 南泉潦倒하야 手眼不親이라 縱饒出得이라도 也是死貨로다 高峰只向他道 大夫야 還曾示人麼아하고 纔擬祇對하려하면 便與亂棒打出이리니 非特爲遮漢脫却鶻臭布衫이라 要使天下衲僧으로 箇箇解粘去縛하야 慶快平生이리라

한 물거품이 일어나기 전에(一漚未發)

목평(木平)이 낙포(洛浦) 선사에게 묻기를 "한 물거품이 일어나기 전에는 어떠합니까?"하니 낙포 선사가 말씀하시기를 "배를 옮기어 떠나감에 수맥(水脈)을 알고, 돛대를 듦에 물결을 분별하노라."고 하셨다. 목평이 이를 깨닫지 못하고 또다시 반룡(盤龍) 선사에게 물으니, 반룡 선사가 말씀하시기를 "배를 옮기어 떠나감에 물을 분별하지 못하고, 돛대를 듦에 곧 본원(本源)을 미혹(迷惑)하도다'라고 하셨다. 목평이 이에 깨침을 얻었는데, 후일 운봉열 화상(雲峰悅和尙)이 말씀하시기를 "만일 낙포의 말에 깨우쳤더라면 그래도 조금은 나았을 것이니, 후일 반룡의 죽은 물속에 빠지지 않았을 것이다."라고 하셨다.

木平이 問洛浦하되 一漚未發時如何오 浦云 移舟諳水脈이오 擧
棹別波瀾이니라 平이 不契하고 又問盤龍하니 龍云 移舟不別水오 擧
棹卽迷源이니라하니 平이 於此有悟하니라 後雲峰悅和尙云 若於洛
浦言下悟去하면 猶較些子이니라 後來不合向盤龍死水裏浸殺이니라

高峰 선사께서 말씀하셨다. "만일 운봉열 화상이 아니었더라면 그에게 속임을 당하였을 것이다. 그러나 비록 이와 같지만 또한 말해 보아라. 반룡의 잘못은 어디에 있는가? 배를 옮기어 떠나감에 물을 분별하지 못하고, 돛대를 듦에 곧 본원을 미혹하도다."

師云 若不是悅公이면 泊合被他瞞却이리라 然雖如是나 且道하라
盤龍謊訛 在甚處오 移舟不別水오 擧棹卽迷源이니라

석공 화상의 화살(石鞏看箭)

석공 화상(石鞏和尙)이 무릇 스님들을 볼 적마다 활에다가 화살을 재어 보였다. 어느 날 삼평(三平)이 이르자 석공이 말씀하시기를 "화살을 보아라."하시니 삼평이 이에 가슴을 풀어 헤치면서 "이는 사람을 죽이는 화살이거니와 사람을 살리는 화살은 또한 어떠한 것입니까?"라고 하였다. 석공

화상이 이에 활시위를 세 차례 퉁기자, 삼평이 곧 예배를 올리니, 석공 화상이 말씀하시기를 "30년 동안 하나의 활로 두 개의 화살을 당겼지만 반 개의 성인을 쏘아 맞추었다." 하시고서, 마침내 활과 화살을 부러뜨렸다.

石鞏和尙이 凡見僧에 以弓架箭示之러니 一日에 三平至하니 鞏云 看箭하라 하시니 三平이 乃撥開胸云 此是殺人箭이어니와 活人箭은 又作麼生이니고 鞏乃扣弓絃三下하시니 平이 便作禮하니라 鞏云三十年架一張弓兩隻箭에 只射得半箇聖人이로다 하시고 遂拗折弓箭하니라

高峰 선사께서 말씀하셨다. "석공 화상이 활을 당김에 곁에 사람이 없는 듯 하였고, 삼평이 화살을 받음에 정교한 것을 희롱하여 옹졸한 것으로 만들었다. 그러나 비록 이와 같지만, '반 개의 성인'은 또한 어떠한 것일까? 떨어진 꽃은 한 잎 한 잎 물을 따라 흘러가는데, 흐르는 물은 무심하게 떨어진 꽃잎을 그리워하네."

師云 石鞏張弓은 傍若無人이오 三平承箭은 弄巧成拙이라 然雖如是나 半箇聖人은 又作麼生고 落花片片隨流水하고 流水無心戀落花로다

암두가 은밀히 그 뜻을 열어주다(巖頭密啓)

설봉(雪峰)이 덕산(德山) 선사 회하에 있으면서 반두(飯頭: 공양주)를 하였는데 어느 날 밥이 늦어 햇볕에 반건(飯巾)을 말리다가, 덕산 선사가 발우를 들고 법당 앞으로 오는 것을 보았다. 설봉이 마침내 묻기를 "이 늙은이가 종도 치지 않고 북도 울리지 않았는데, 발우를 들고 어느 곳으로 갑니까?"라고 하였다. 덕산 선사가 곧 방장으로 돌아갔었는데, 설봉이 이 말을 암두(巖頭)에게 말하자 암두가 말하기를 "별것 아닌 덕산이 말후구(末後句)를 알지 못하였구나."라고 하였다. 덕산 선사가 이 말을 전해듣고 시자로 하여금 암두를 불러다가 묻기를 "네가 노승을 인정하지 않는가?"라고 하시자 암두가 마침내 은밀히 그 뜻을 열어 주니 덕산 선사가 이에 그만 두었다. 그 이튿날 법당에 올라가셨는데, 과연 여느날의 법문과 달랐다. 암두가 승당 앞에 이르러 박장대소를 하면서 말하기를 "아! 기쁘다. 이 늙은이가 말후구를 알았도다. 후일 천하의 사람들이 그를 어찌 하지 못할 것이다. 그렇지만 다만 3년뿐이로다."라고 하였다.

雪峰이 在德山作飯頭에 一日飯遲라 方曬飯巾次에 乃見德山自托鉢至法堂前하고 峰遂問하되 遮老漢이 鐘未鳴하고 鼓未響이어늘 托鉢向甚處去니고 山이 便回方丈하시다 峰이 擧似巖頭하니 頭云

大小德山이 不會末後句로다 山聞하시고 令侍者喚巖頭去問하되 汝
不肯老僧那아 巖遂密啓其意하니 山乃休去하시다 至明日陞堂하시니
果與尋常不同이라 巖至僧堂前하야 撫掌大笑云 且喜得老漢이 會末
後句라 他後天下人이 不奈伊何리라 雖然如是나 也只得三年이로다

高峰 선사께서 말씀하셨다. "불조(佛祖)의 기연(機緣)과 고
금의 공안 가운데 잘못된 것은 여기에서 벗어나지 않는다.
혹자는 암두의 지혜가 스승보다도 더 훌륭하였던 까닭에 은
밀히 그 뜻을 열어준 것이라고 하지만, 이는 하늘에 가득한
잘못을 범하여 길이 만겁에 재앙이 미친 줄을 전혀 알지 못
한 것이다. 이해(利害)가 어느 곳에 있는지 또한 말해보라."
손바닥을 치면서 크게 웃으며 말씀하셨다. "시자야! 분명히
기억하라. 30년 후에는 이를 증명할 사람이 있을 것이다."

師云 佛祖機緣과 古今公案의 其中譌訛가 無出於此로다 或謂巖
頭智過於師일새 故有密啓其意라하니 殊不知犯彌天之咎하야 萬劫遭
殃이로다 且道利害在甚麽處오 撫掌大笑云 侍者야 分明記取하라 三
十年後에 有人證明하리라

남산의 별비사(南山鱉鼻)

설봉이 대중에게 보여 말씀하시기를 "남산(南山)에 한 마리의 별비사(鱉鼻蛇)*가 있으니, 그대들은 간절히 주의하도록 하라."고 하셨다. 그때에 장경(長慶)은 나와서 말하기를 "오늘 이 법당에서 몸을 상하고 목숨을 상한 사람이 있습니다."라고 하고, 운문은 주장자를 설봉의 앞으로 대지르면서 두려워하는 시늉을 지었는데, 후일에 어떤 스님이 이를 현사(玄沙)에게 말하니, 현사가 말씀하시기를 "모름지기 능형(稜兄)이어야 될 것이다. 그러나 비록 이와 같을지라도 나는 그렇게 하지 않겠다."라고 하셨다. 스님이 말하기를 "화상은 어떻게 하시겠습니까?"하니 현사가 말씀하시기를 "남산을 가지고 무엇을 하겠는가?"라고 하셨다.

雪峰示衆云 南山有一條鱉鼻蛇하니 汝等諸人은 切須好看하라 時에 長慶이 出云 今日堂中大有人喪身失命이라하고 雲門은 以拄杖攛向峰前作怕勢하니라 後僧擧似玄沙하니 沙云하되 須是稜兄이라야 始得다 然雖如是나 我則不然하리라 僧云하되 和尙作麽生이니고 沙云 用南山作麽아

高峰 선사께서 말씀하셨다. "설봉 화상이 비록 도적질에는

---
* 독성이 강한 뱀. 그 코가 자라코처럼 생긴 데에서 붙여진 이름

능숙하였지만, 제자들이 잘 참여하여 따라주지 않음을 어찌 하랴. 한바탕의 패배를 면하지 못하였으니 천재(千載. 千年) 후 오늘날까지도 오히려 나쁜 소문이 남아 있다."

師云 雪峰和尙은 雖慣作竊이나 爭奈諸子不善參隨아 未免一場 敗露하야 至今千載之下에도 惡聲猶在로다

협산의 경계(夾山境界)

어떤 스님이 협산(夾山)에게 묻기를 "어느 것이 협산의 경계입니까?"하니 협산이 말씀하시기를 "원숭이가 새끼를 안고 푸른 산 속으로 돌아가고, 새는 꽃을 물고서 푸른 바위 앞에 날아내리도다."라고 하셨다. 후일 법안(法眼)이 말씀하시기를 "노승이 20년 동안 단지 경계의 말인 줄로만 알았노라."고 하였다.

僧問夾山하되 如何是夾山境이니고 山云 猿抱子歸靑嶂裏하고 鳥銜花落碧巖前이로다 後法眼道하되 老僧二十年只作境話會니라

高峰 선사께서 말씀하셨다. "대중이여! 또한 이를 아는가? 설령 이를 알았더라도 법안(法眼)을 보기는 쉽지만 협산을 보기는 어려울 것이다.

師云 大衆還會麼아 直饒向遮裏會得이라도 見法眼則易이어니와 見夾山則難이니라

투자 스님이 승상에서 내려오다(投子下牀)

어떤 스님이 투자(投子)에게 묻기를 "어떠한 것이 십신조어(十身調御)입니까? 라고 하니 투자가 승상(繩牀)에서 내려와 섰다. 또 어떤이가 묻기를 "범인과 성인의 거리는 얼마나 됩니까?"라고 하니 투자가 역시 승상에서 내려와 섰다.

僧問投子하되 如何是十身調御니고 子下繩牀立하시다 又有問凡聖相去多少니고 子亦下繩牀立하시니라

高峰 선사께서 말씀하셨다. "하나의 전어(轉語)는 천지가 현격하고, 하나의 전어는 언어가 분명하다. 안목을 갖춘 사람은 이를 시험하여 분별해 보라."

師云 一轉語는 天懸地殊하고 一轉語는 言端語的이로다 具眼底는 試辨看하라

현사가 소리를 잘 분별하는 삼장을 시험하다(玄沙驗之)

성명 삼장(聲明 三藏)이 소리를 잘 분별하였는데, 유대왕(劉大王)이 현사에게 그를 시험해 보도록 청하였다. 현사가 이에 구리 화로 젓가락으로 쇠화로를 두드리고 묻기를 "이것이 무슨 소리인가?"라고 하자 삼장이 말하기를 "구리쇠 소리입니다."라고 하니 현사가 말씀하시기를 "대왕은 외국인에게 속지 마십시오."라고 하셨다.

聲明三藏이 善別音聲이어늘 劉大王이 請玄沙驗之라 沙乃將銅火筋하야 敲鐵火爐하고 問云 是甚麼聲가 藏云 銅鐵聲이니다 沙云 大王은 莫受外國人瞞하소서

高峰 선사께서 말씀하셨다. "그 별것 아닌 현사는 능소(能所)를 잊지 못하였다. 당시에 다행히 이 유대왕을 만났기에 망정이지 만일 본분 납승과 부딪쳤더라면 한바탕 잘못을 범했을 것이다."

師云 大小玄沙가 能所未忘이로다 當時賴遇是劉大王이라. 若撞著箇本分衲僧인댄 管取一場漏逗리라

현사가 땅 위의 흰 점을 가리키다(玄沙指地)

현사 선사가 앉아 있다가 바로 앞 땅 위에 놓여있는 한 점의 백색을 보고서 이를 가리키면서 시자에게 말씀하시기를 "보이느냐?"라고 하시니, 시자가 "보입니다."라고 대답하였다. 이와 같이 세 번 물음에 이와 같이 세 번 대답하니, 현사 스님이 말씀하시기를 "너도 보고 나도 보았는데, 무엇 때문에 알지 못한다고 말하는가?"라고 하셨다.

玄沙坐次에 見面前地上一點白하고 指問侍者云 見麽아 者云 見이니다 如是三問에 如是三對라 沙云 你也見하고 我也見하니 因甚麽道不會오

高峰 선사께서 말씀하셨다. "대중이여! 보이는 것은 곧 보고, 아는 것은 곧 아니, 다시 의심이 없다. 말하여 보아라. 이 한 점의 하얀 것은 결정코 무엇인가?"

師云 大衆아 見卽見하고 會卽會하니 無復疑矣로다 且道하라 遮一點白은 決定是箇甚麽오

선천 화상이 예배하려는 스님을 보고서(仙天見禮)

어떤 한 스님이 선천 화상(仙天和尙)을 참방하여 예배를 올리려고 할 적에 선천 화상이 말씀하시기를 "야호(野狐)야! 무엇을 보고서 예배를 하려는가?"라고 하자 그 스님이 말하기를 "이 늙은 중놈아! 무엇을 보고서 이와 같이 묻는가?"라고 하였다. 선천 화상이 말씀하시기를 "괴롭고 괴롭도다. 선천은 오늘 앞을 잊고 뒤를 잃었도다."라고 하시니 스님이 말하기를 "얻으려고 할 때에는 마침내 잃은 것을 보완할 수 없노라."고 하였다. 선천 화상이 말씀하시기를 "어찌하여 이와 같지 않은가?"라고 하시니 스님이 말하기를 "누가 그렇습니까?"라고 하였다. 선천 화상이 하하 웃으며 말씀하시기를 "멀고 멀도다."라고 하시자 스님이 사방을 돌아보고서 곧 나가 버렸다.

仙天和尙은 因 一僧參하여 擬作禮次에 天云野狐兒야 見甚麽了便禮拜오 僧云 老禿奴야 見甚麽了하고 卽便與麽問고 天云 苦哉苦哉라 仙天은 今日忘前失後로다 僧云 要且得時에는 終不補失이니라 天云 爭不如此오 僧云 誰甘가 天呵呵笑云 遠之遠矣로다하니 僧以目四顧便出하니라

高峰 선사께서 말씀하셨다. "일문일답(一問一答)에는 빈

(賓)이 있고 주(主)가 있다. 모두가 둘 다 작가라고 말들 하지만, 만일 고봉이 점검한 바에 의하면 그 스님은 오히려 가(可)하지만 선천은 웃기는 사람이다."

師云 一問一答은 有賓有主라 盡謂二俱作家어니와 若據高峰點檢將來인댄 遮僧猶自可어니와 仙天笑殺人이로다

화안통이 앙산혜적을 부르다(通喚寂子)

화안통 선사(和安通禪師)는 앙산(仰山:慧寂)이 사미였을 때에 항상 적자(寂子)를 불러서 "나에게 상(牀)을 가져오라."하시고서, 앙산이 가져 오면 통 선사가 말씀하시기를 "예전에 있었던 곳에 도로 가져다 놓아라."하시고, 다시 묻기를 "적자야! 상의 저쪽에 것은 무엇인가?"하시니 "아무 물건도 없습니다."라고 하고 "이쪽에 것은 무엇인가?"하시니 "아무 물건도 없습니다."라고 하였다. 통 선사가 또 다시 적자를 부름에 적자가 대답하니, 통 선사가 말씀하시기를 "가거라."고 하셨다.

和安通禪師는 因仰山作沙彌時에 常喚寂子하야 與我拈牀子來하라 仰持至하면 通云 送舊處著하라 復問寂子야 牀那邊是甚麼오 曰

無物이니다 遮邊響고 曰 無物이니다 通又召寂子에 子應諾하니 通云 去하라

高峰 선사께서 말씀하셨다. "그 늙은 화안의 마음 씀씀이가 좋지 못하다. 앙산의 운명이 기박하여 도깨비에게 홀렸다. 산승이 이와 같이 말한 것 또한 바람을 거슬러 횃불을 든 것이다."

師云 潦倒和安은 用心不藏이로다 仰山命蹇하야 爲魅所著이라 山僧恁麼道도 也是逆風秉炬니라

어떤 스님이 불일필 선사에게 물었다(僧問佛日)

어떤 스님이 불일필 선사(佛日弼禪師)에게 묻기를 "어떠한 것이 비로인(毘盧印)입니까?"하니 필 선사가 말씀하시기를 "짚신을 신고서 하얀 눈을 밟도다."라고 하셨다. 그 스님이 말하기를 "학인은 모르겠습니다."하니 필 선사가 말씀하시기를 "걸음걸음마다 발자취를 남기느니라."고 하셨다.

僧問佛日弼禪師하되 如何是毘盧印이니고 弼云 草鞋踏雪이니라 僧云 學人不會니다 弼云 步步成跡이니라

高峰 선사께서 말씀하셨다. "불일 화상은 비록 내기(來機)를 저버리지 않고서 조사인(祖師印)을 높이 들었으나, 옛 전서를 밝히기가 어려운 줄을 전혀 알지 못하여 이 스님으로 하여금 만나도 만나지 못한 것과 같게 하였다. 만일 고봉이라면 그렇게 하지 않았을 것이다. 문득 어떤 사람이 '어떠한 것이 비로인입니까?'라고 묻는다면, 다만 '글자에 점을 더하지 않은 것이다'라고 말하고, 또 다시 '학인은 알지 못하겠습니다.'라고 한다면 다만 '알아서 무엇하랴'라고 말하리라. 또 말하라. 불일과 같은가, 다른가?"

師云 佛日和尙은 雖則不負來機하야 高提祖印이나 殊不知古篆難明하야 致令遮僧으로 遇如不遇로다 若是高峰則不然하야 忽有人問 如何是毘盧印고하면 但言文不加點이라하고 又云 學人不會니다하면 但云 要會作麼오하리라 且道하라 與佛日로 是同是別가

고안징 선사의 새해(高安新歲)

어떤 스님이 고안징 선사(高安澄禪師)에게 묻기를 "지난해는 이미 가고 새해가 이르러 왔으니 또한 새해를 받지 않은 자가 있습니까?"하니 고안징 선사가 말씀하시기를 "뭐라고?"라고 하셨다. 스님이 말하기를 "그렇다면 새해를 받지

않을 것입니다."하니 징 선사가 말씀하시기를 "성 위에서는 이미 새해를 알리는 호각소리가 울리는데, 창 앞에는 아직도 지난 해의 등불을 밝혔도다."라고 하셨다. 스님이 말하기를 "어떠한 것이 지난해의 등불입니까?"하니 징 선사가 말씀하시기를 "섣달 30일이니라."고 하셨다.

僧問高安澄禪師하되 舊歲已去하고 新歲到來하니 還有不受歲者 麽아 澄云 作麽生고 僧云 恁麽則不受歲也니다 澄云 城上已吹新歲角이어늘 窓前猶點舊年燈이로다 僧云 如何是舊年燈이니고 澄云 臘月三十日이니라

高峰 선사께서 말씀하셨다. "별것 아닌 고안(高安)이 그 스님에게 쫓김을 당한 것이 마치 쥐가 소뿔 속으로 들어가는 것과 같다. 오늘에 이르기까지 몸을 돌리지 못하니, 그를 구제할 자가 없는가? 다시 내년을 기다리라."

師云 大小高安이 被遮僧隨後一逐이 如鼠入牛角相似하야 直至如今히 轉身不得이로다 莫有救得底麽아 且待來年하라

설두 화상의 구슬(雪竇寸璧)

설두 화상(雪竇和尙)이 대중에게 보여 말씀하셨다.

"객이 먼 곳에서 찾아와
나에게 한 치 지름의 구슬을 전해 주니,
그 가운데 네 글자가 쓰여 있는데,
글자마다 아는 사람이 없네."

불감 사옹(佛鑑師翁)이 이를 염송(拈頌)하셨다.

"객이 먼 곳에서 찾아와
나에게 한 치 지름의 구슬을 전해주니
그 가운데 네 글자가 쓰여 있는데
거듭 드러낼 필요가 없네."

雪竇和尙示衆云 客從遠方來하야 遺我徑寸璧하니 中有四箇字하되 字字無人識이로다 佛鑑師翁이 拈云 客從遠方來하야 遺我徑寸璧하니 中有四箇字하되 不必重拈出이로다

高峰 선사께서 말씀하셨다. "두 노대사께서 한 사람은 쉽게 말하고, 한 사람은 어렵게 말하니 치우침이 있음을 면할 수 없지만, 고봉은 그렇게 하지 않겠다.

"객이 먼 곳에서 찾아와
나에게 한 치 지름의 구슬을 전해주니,
그 가운데 네 글자가 있는데,
글자마다 평측(平仄)이 없네."

師云 二大老一人說易하고 一人說難하니 未免見有偏枯로다 高峰
則不然이라 客從遠方來하야 遺我徑寸璧하니 中有四箇字하되 字字
無平仄이로다

송고(頌古)

꽃을 들어 대중에게 보이다(拈花示衆)

　세존께서 영산회상에서 꽃 한 가지 들고 푸른 연꽃 같은 눈을 끔쩍하면서 대중을 두루 보셨다. 그때 백만(百萬)인천(人天)중에 오직 가섭만이 빙그레 미소를 지으니 세존께서 "나에게 정법안장(正法眼藏)과 열반묘심(涅槃妙心)과 실상무상(實相無相)과 미묘법문(微妙法門)이 있으니, 이를 마하가섭에게 부촉하노라."고 말씀하셨다.

　世尊이 在靈山會上하사 拈一枝花하시고 瞬靑蓮目하사 普視大衆하시니 時百萬人天에 惟迦葉이 破顔微笑하니 世尊云 吾有正法眼藏 涅槃妙心 實相無相 微妙法門을 付囑摩訶迦葉하노라

高峰　영산회상에서 꽃 한 가지 들어 보이시니
　　　백만대중 모두가 작가이어라.
　　　오직 가섭(飮光)만이 눈뜨지 못했거늘,
　　　어찌하여 눈에 또다시 모래를 넣는고.

靈山拈出一枝花하시니
百萬都來是作家라
惟有飮光猶未瞥이어늘
那堪眼裏又添沙오

여자가 정에서 깨어나다(女子出定)

옛적에 문수가 부처님들이 모인 곳에 이르렀는데 마침 부처님들이 각기 본처(本處)로 돌아갔으나, 오직 한 여인만이 부처님과 가까이 앉아서 삼매에 들어갔다. 문수가 이에 부처님께 아뢰기를 "어떻게 하여 이 사람은 부처님과 가까이 앉았는데, 저는 그렇게 할 수 없습니까?" 하니 부처님께서 문수에게 이르기를 "그대가 이 여인을 깨워서 삼매에서 일어나거든 너 스스로 물어보도록 하라." 문수가 그 여인의 주위를 세 차례 돌고서 손가락을 한 번 튕기고 밀쳐 범천에 이르도록 그 신통력을 다하였지만 출정(出定)시키지 못하였다. 세존께서 말씀하시기를 "설령 백 천 명의 문수가 있을지라도 이 여인을 정(定)에서 깨어나게 할 수는 없을 것이다. 하방(下方)에 42항하사 국토를 지나가면 망명 보살(罔明菩薩)이 있는데, 이 사람만이 이 여인을 정(定)에서 깨어나게 할 수 있을 것이다." 얼마 후에 망명 보살이 땅속에서 솟아 나와 세존께 예배를 올리자, 세존께서 망명보살에게 출정시 키도록 명하셨다. 망명보살이 곧 여인의 앞에 다가가서 손가 락을 한번 튕기자, 여인이 정(定)에서 깨어났다.

世尊이 昔因文殊가 至諸佛集處하니 値諸佛各還本處로되 惟有一 女人近彼佛坐하야 入於三昧라 文殊乃白佛하되 云何此人은 得近佛 坐어늘 而我不得이니고. 佛告文殊하시되 汝但覺此女하야 令從三昧 起어든 汝自問之하라 文殊遶女人三帀하고 鳴指一下하고서 乃托至 梵天히 盡其神力이나 而不能出이라 世尊云 假使百千文殊라도 亦出 此女人定不得이라 下方過四十二恒河沙國土하야 有罔明菩薩하니 能出此女人定하리라 須臾에 罔明大士가 從地涌出하야 作禮世尊하 니 勅罔明出하시니 罔明이 却至女子前하야 鳴指一下하니 女子가 於 是從定而出하니라

高峰   쌍쌍이 무리를 지어 그 죄가 한량없는데.
　　　　부질없이 하찮은 재주로 영웅인 양 뽐내는구나.
　　　　그 당시가 만일 오늘날의 세상과 같았다면
　　　　설령 부처님이라도 적중시키지 못했으리라.

兩兩成羣罪莫窮이어늘
謾將鼠伎逞英雄이라

當時若作今時世런들

縱使瞿曇也不中이리라

그대는 나의 골수를 얻었도다(汝得吾髓)

달마 대사께서 하루는 제자들에게 "때가 장차 이르렀으니 그대들은 각기 얻은 바를 말해보지 않겠는가?"라고 하셨다. 이 때 도부(道副)가 대답하기를 "제가 알기로는 문자에 집착하지 않고 문자를 여의지도 않는 것이 도(道)의 묘용(妙用)이 됩니다." 조사께서 말씀하시기를 "그대는 나의 가죽을 얻었도다."라고 하셨다. 또 총지 비구니가 "제가 아는 바로는 경희(慶喜: 아란존자)가 아촉불국(阿閦佛國)을 볼 적에 한번 보고 다시 두번 보지 않은 것과 같습니다." 조사께서 말씀하시기를 "그대는 나의 살을 얻었도다."라고 하셨다. 또한 도육(道育)이 말하기를 "사대(四大)가 본래 공하고 오온이 있지 않으니, 제가 보는 바로는 한 법도 마음에 둘 것이 없습니다."라고 하자 조사께서 말씀하시기를 "그대는 나의 뼈를 얻었도다."라고 하셨다. 최후에 혜가 대사(慧可大師)가 나와서 예배를 드리고 자기 자리에 서 있으니 조사께서 "그대는 나의 골수를 얻었도다."라고 하시고, 그에게 의발(衣

鉢)을 전하여 주고 게송을 부촉하셨다.

達磨大師가 一日命門人曰時將至矣어늘 汝等은 蓋各言所得乎아 時有道副對曰 如我所見은 不執文字하고 不離文字로서 而爲道用이니다 祖曰 汝得吾皮로다 又尼總持曰 我今所解는 如慶喜見阿閦佛國에 一見更不再見이니다 祖曰 汝得吾肉이로다 又道育曰 四大本空하고 五蘊非有라 而我見處는 無一法可當情이니다 祖曰 汝得吾骨이로다. 最後에 慧可大師가 出禮拜하고 依位而立하니 祖曰 汝得吾髓로다 하시고 乃傳衣付偈하니라

高峰　죽을 죄를 모두 한 입으로 제공(提供)하여
　　　정(情)이 다하고 이치가 다하여 마침내 용납키 어렵네.
　　　만일 가죽이니 골수니 고하(高下)를 논한다면
　　　어떻게 한꽃에 다섯 잎 붉어짐을 보겠는가.

　　　死款都來一口供하야
　　　情窮理極卒難容이라
　　　若將皮髓論高下인댄
　　　爭見花開五葉紅가

나(六祖)는 불법을 알지 못하노라(六祖不會)

어떤 스님이 육조(六祖)에게 묻기를 "황매(黃梅:五祖 弘忍)의 의지를 어떤 사람이 얻었습니까?"하니 조사께서 말씀하시기를 "불법을 아는 사람이 얻었노라."고 하셨다. 스님이 "화상은 얻으셨습니까?"하니 조사께서 "나는 얻지 못하였노라."고 하셨다. 스님이 또 말하기를 "무엇 때문에 얻지 못하였습니까?"하니 조사께서 "나는 불법을 알지 못하노라."라고 하셨다.

僧問六祖하되 黃梅意旨를 甚麼人得이니고 祖云 會佛法人得이니라 僧云 和尙還得麼아 祖云 我不得이니라 僧云 爲甚麼不得이니고 祖云 我不會佛法이니라

高峰 조사(祖師)는 선(禪)을 알지 못하고
부자(夫子)는 글자를 알지 못하였네.
몽둥이로 석인(石人)의 머리를 치며
큰 소리로 실사(實事)를 논하도다.

祖師不會禪하고
夫子不識字라
棒打石人頭하고
曝曝論實事로다

지장의 머리는 희고 회해의 머리는 검다(藏白海黑)

어떤 스님이 마대사(馬大師)에게 묻기를 "사구(四句)를 여의고 백비(百非)를 끊고서 곧 서래의(西來意)를 바로 가르쳐 주기를 청합니다."라고 하자 마대사가 말씀하시기를 "나는 오늘 피곤하여 그대에게 말해 줄 수 없으니, 지장(智藏)를 찾아가 묻도록 하라."고 하셨다. 스님이 지장에게 묻자, 지장이 말하기를 "나는 오늘 머리가 아파서 그대에게 말해 줄 수 없으니 해형(海兄)을 찾아가 묻도록 하라"고 하였다. 스님이 회해에게 묻자, 회해가 말하기를 "나는 여기에 이르러서는 알지 못하노라."고 하였다. 스님이 돌아와 이 말을 마대사에게 들어 말하니 대사께서 말씀하시기를 "지장(智藏)의 머리는 희고, 회해(懷海)의 머리는 검도다."라고 하셨다.

僧問馬大師하되 離四句 絶百非하고 請師直指西來意하나이다 師云 我今日勞倦하야 不能爲汝說하니 去問取智藏하라 僧問藏하니 藏云 我今日頭疼하야 不能爲汝說하니 去問取海兄하라 僧問海하니 海云 我到遮裏하야는 却不會라 僧回擧似師하니 師云 藏頭白하고 海頭黑이로다

高峰 촘촘한 꽃송이 조밀한 비단에 가는 티끌 끊으니

　　　　　한번 들 적마다 한번 새롭구나.
　　　　　피 흐르도록 울어도 소용없으니
　　　　　입 다물고 남은 봄을 지냄만 못하리.

　　　　　攢花簇錦絶纖塵하니
　　　　　一度拈來一度新이라
　　　　　啼得血流無用處하니
　　　　　不如緘口過殘春이로다

마음도 아니고 부처도 아니다(非心非佛)

마대사께서 말씀하시기를 "곧 마음이 부처다."라고 하시고, 또 "마음도 아니요, 부처도 아니다."라고 하셨다.

　　　馬大師云 卽心是佛이라하고 又云 非心非佛이라 하니라

高峰　사람 죽임은 오히려 용서할 수 있지만
　　　　다시 범함을 어찌 용납하랴
　　　　쫓겨나 무생국(無生國)으로 향하니
　　　　일천 성인도 그 자취 알지 못하네.

　　　　殺人猶可恕어니와

再犯豈能容가

貶向無生國하니

千聖不知蹤이로다

약산이 곧 법좌에서 내려오시다(藥山下座)

약산(藥山)이 오랫동안 법당에 오르지 않자, 원주가 아뢰기를 "대중들이 화상의 가르침을 기다린 지 오래입니다."라고 하니 약산이 "종을 쳐라."고 하셨다. 그때 대중이 모이자, 약산이 곧 법좌에서 내려와 방장으로 돌아가니, 원주가 다시 "화상께서는 대중을 위하여 설법을 한다고 하시고서 무엇 때문에 한마디 말씀도 않으십니까?"하니 약산이 "경(經)에는 경사(經師)가 있고 논(論)에는 논사(論師)가 있는데, 어찌하여 노승을 이상하다고 생각하는가?"라고 하셨다.

藥山이 久不陞堂하시니 院主白云 大衆이 久思和尙示晦니다. 山云 打鐘著하라 時衆方集하니 藥山이 便下座歸方丈하시다 院主復白云 和尙許爲衆說法하시고 爲甚一言不施이니고 山云 經有經師하고 論有論師어니 爭怪得老僧가

高峰　눈썹 사이에 산악(山嶽)을 쌓고
콧구멍 속에 사자아(獅子兒)를 감추었네.
동서 남북의 무한한 뜻이여
이 마음을 몇 사람이나 알고 있으랴?

眉毛罅裏積山嶽하고
鼻孔中藏獅子兒라
南北東西無限意를
此心能有幾人知아

위산의 수고우(潙山牯牛)

위산(潙山 : 靈祐禪師)이 말씀하시기를 "노승이 죽은 후에는 산 아래 마을에 내려가 한 마리 수고우(水牯牛 : 암물소)가 되어 왼쪽 겨드랑이에 위산 승 모갑(潙山僧某甲)이라고 다섯 글자를 쓸 것이니, 그때에 만일 위산승(潙山僧)이라고 말한다면 수고우요, 수고우라고 말한다면 또한 '위산 승 모갑(潙山僧 某甲)*'이다. 말하라. 무어라 말해야 할 것인가?"라고 하셨다.

---

* 모갑(某甲) : 자기자신을 일컫는 일인칭대명사. 여기서는 영우(靈祐)자신을 가리킴.

潙山云 老僧百年後에 向山下作一頭水牯牛하야 左肋書五字云 潙山僧某甲이라 하리니 此時에 若喚作潙山僧인댄 又是水牯牛요 喚作水牯牛인댄 又云 潙山僧某甲이라 且道하라 喚作甚麽오

高峰 푸른 숲 그늘 짙고 여름 날은 길고 긴데
   누대 그림자는 거꾸로 연못 속에 잠겼네.
   수정발 흔들리니 미풍이 일어나고
   시렁 가득한 장미꽃 온 사원이 향기롭다.

   綠樹陰濃夏日長하니
   樓臺倒影入池塘이라
   水晶簾動微風起하고
   滿架薔薇一院香이로다

암두의 바느질(巖頭把針)

  암두(巖頭 : 全豁禪師)가 감지 행자의 집에서 여름〔夏安居〕을 지낼 적에 어느 날 바느질을 하는데, 감지(甘贄) 행자가 앞에 서자, 암두는 이에 바늘로 찌르려는 시늉을 하니, 감지 행자가 마침내, 돌아가 옷을 바꾸어 입고서 암두에게 나아가 예배를 드리려고 하자, 그 아내가 묻기를 "당신은 무엇을

하시려고 합니까?"하니 감지가 말하기를 "말할 수 없소."라고 하였다. 아내가 말하기를 "무슨 일이 있습니까. 저도 모두 알고 싶습니다."라고 하니 감지가 앞서 있었던 일을 말해 주자, 아내가 말하기를 "이로부터 30년 후에 모름지기 한 차례 물을 마심에 한 차례 사람들의 목을 메이게 함을 알아야 할 것입니다."라고 하였다.

딸이 이 말을 듣고서 말하기를 "또한 온세상 사람들의 목숨이 활상좌(豁上座)의 바늘 끝에 찔리게 될지 알겠습니까?"라고 하였다.

甘贄行者는 因巖頭在家過夏에 一日把針次에 甘贄前立하니 頭乃以針作筎勢어늘 甘遂歸著衣擬出禮謝라 妻乃問翁作甚麽오 甘云不得說이니다 妻云 有甚事오 也要大家知니다 甘擧前話하니 妻云從此三十年後에 須知一度喫水 一度噎殺人이니다 女子聞하고 乃云 還知盡大地人性命이 被豁上座針頭上筎將去也無아

高峰 다행히도 무사한데 풍파를 일으켜
   큰 물결 격동하여 만길이나 드높아라.
   곧바로 모든 집이 온통 물에 잠기어
   지금까지 평지에 물결이 도도하네.

幸然無事鼓風濤하야

激起洪波萬丈高라
直得渾家都浸殺하야
至今平地浪滔滔로다

조주가 노파를 감파한 데 대하여(趙州勘婆子)

高峰　어릴 적부터 단청해도 그림이 이루어지지 않더니,
요즘에야 비로소 예술의 정교함을 깨달았노라.
무심히 붓을 던져 용을 그려내니
당시 사람들이 눈동자라고 말하네.

自小丹靑畵不成이러니
年來始覺藝方精이라
等閑擲筆成龍去하니
喚却時人眼裏睛이로다

조주의 삼불에 대하여(趙州三佛)

高峰　1) 진흙 부처는 물을 건너지 못함이여!
격심한 바람이 문득 일어나도다.

238 II. 고봉화상 어록

　　　　　대지가 암흑으로 가득하니
　　　　　납승인들 어찌 감히 보리요!

　　　　　泥佛不度水여
　　　　　毘嵐風忽起라
　　　　　大地黑漫漫이어니
　　　　　衲僧爭敢覷아

高峰　2) 쇠부처는 화로를 건너지 못함이여!
　　　　　쇠로 야명주(夜明珠)를 쌌도다.
　　　　　한 방망이로 모두 부숴버리니,
　　　　　맑은 광명이 어느 곳엔들 없으랴.

　　　　　金佛不度爐여
　　　　　鐵裏夜明珠라
　　　　　一槌俱粉碎하니
　　　　　淸光何處無아

高峰　3) 나무부처는 불을 건너지 못함이여!
　　　　　금전(金殿)의 자물쇠를 열어젖히도다.
　　　　　안팎에 가린 난간 끊어버리니,
　　　　　당시 사람들 오히려 부끄러워하네.

木佛不度火여

掣開金殿鎖라

內外絶遮欄하니

時人猶懷懼로다

조주의 무자에 대하여(趙州無字)

高峰　조주가 '개는 불성이 없다' 함이여!
　　　가득한 봄빛은 강호에 퍼져 있네.
　　　잎 따고 가지 찾는 숱한 객들이
　　　공연히 낙양길에 꽃 가득케 하였네.

趙州狗子佛性無여

十分春色播江湖라

幾多摘葉尋枝客이

空使洛陽花滿途로다

좋은 일도 없는 것만 같지 못하다(好不如無)

조주는 어느 날 불전(佛殿) 위에 있다가 문원 시자(文遠侍

者)가 예불하는 것을 보고서 주장자로 문원을 한 차례 때리니, 문원이 말하기를 "예불을 하는 것도 또한 좋은 일입니다."라고 하자 조주가 "좋은 일도 없는 것만 같지 못하다."라고 하셨다.

趙州一日在佛殿上하야 見文遠侍者禮佛하고 以拄杖打遠一下하니 遠云 禮佛也是好事니다 州云 好事不如無니라

高峰   예불 수행은 대단한 것이 아닌데
　　　　 어찌하여 굳이 싸움을 일으키는가?
　　　　 설령 머리를 돌이킨 후라도
　　　　 토끼가 어찌 굴을 떠날 수 있으랴.

　　　　 禮佛修行不較多어늘
　　　　 何須特地起干戈아
　　　　 直饒打得回頭後라도
　　　　 兎子何曾離得窠아

만법이 하나로 돌아가니, 그 하나는 어디로 돌아가는가에 대하여(萬法歸一 一歸何處)

高峰   사면에 큰 파도가 만 길이나 깊으니,

하늘에는 길이 없고 땅에는 문이 없네.
그 가운데 있는 이치 하소연하기 어려우니
수심어린 사람 아니라도 넋이 끊어지리.

四面洪波萬丈深하니
上天無路地無門이라
箇中有理應難訴하니
不是愁人也斷魂이로다

조주의 방하착(趙州放下)

엄양 존자(嚴陽尊者)가 조주에게 묻기를 "한 물건도 가져오지 않았을 때 어떠합니까?"하니 조주가 말씀하시기를 "놓아버려라."고 하셨다. 엄양이 말하기를 "한 물건도 가져오지 않았는데 무엇을 놓아버리라고 하십니까?"하니 조주가 말씀하시기를 "그대가 놓아버리지 못한 것을 살펴 보아라."고 하시자 엄양이 그 말씀에 당장 크게 깨달았다.

嚴陽尊者問趙州하되 一物不將來時如何오 州云 放下著하라 陽云 一物不將來어니 放下箇甚麼오 州云 看你放不下하라 하니 陽이 當下大悟하니라

高峰　삼키고 다시 뱉으니 찬 연기 부옇게 떠올라
　　　달 떨어진 추운 산에 아직도 그치지 않네.
　　　거듭 낚싯줄 잡아 가벼이 한번 당기니
　　　원래 낚시 끝에 있는 것을 어찌 알았으랴?

　　　吞而復吐冷煙浮하야
　　　月落寒山猶未休라
　　　重把絲綸輕一掣하니
　　　豈知元只在鉤頭아

　　조주가 한 번 꼬집다(趙州一掐)

　비구니가 조주에게 밀밀의(密密意)를 묻자, 조주가 팔뚝을 한번 꼬집으니 비구니가 말하기를 "화상에게도 오히려 이러한 것이 있었군요."하니 조주가 말씀하시기를 "너에게도 오히려 이러한 것이 있느니라."고 하셨다.

　尼問趙州密密意하니　州以腕上掐一掐하니　尼云　和尙猶有遮箇在로다　州云　你猶有遮箇在니라

高峰　맹호가 나지막한 풀 속 굴에 깊숙이 숨었으니
　　　밝은 달빛 몇 번이나 안개낀 여라덩굴 사이로 들어갔던고?

정수리에 비록 금강안이 있더라도
애당초 그를 지나침을 면하지 못하였네

猛虎深藏淺草窠하니
幾回明月入煙蘿오
頂門縱有金剛眼이라도
未免當頭蹉過他로다

지위없는 참사람(無位眞人)

임제가 대중에게 보여 말씀하시기를 "붉은 살덩이 위에 하나의 '지위 없는 참사람(無位眞人)'이 있어 항상 면전에 출입하고 있다."라고 하셨다.

臨濟示衆云 赤肉團上에 有一無位眞人하야 常在面門出入이로다

高峰   쌀쌀한 가을 바람 사원 가득 싸늘한데,
울타리의 향기로운 국화꽃 반 쯤 서리 맞았구려
가엾게도 어루만져주는 손길 없지만
흐드러진 꽃가지엔 짙은 향기 서려 있네.

颯颯秋風滿院涼한데

芬芳籬菊半經霜이라
可憐不遇攀花手나
狼籍枝頭多少香이로다

중간을 쳐야 한다(興化打中)

어떤 스님이 홍화(興化)에게 묻기를 "사방(四方) 팔면(八面)에서 올 때는 어떻게 합니까?"라고 하니 홍화가 말씀하시기를 "중간을 쳐야 한다."라고 하셨다. 그 스님이 곧 예배를 드리자, 홍화가 말씀하시기를 "나는, 어제 마을의 재에 갔다가 도중에서 폭풍우를 만나 옛 사당 속에서 몸을 피하였다."라고 하셨다.

僧問興化하되 四方八面來時如何오 化云打中間底니라 僧便禮拜하니 化云我昨日赴箇村齋라가 中途遇卒風暴雨하야 却向古廟裏躱得過니라

高峰   굶주림의 불길 타올라 창자는 끊어질 듯한데
      임금님 수라상을 만나도 먹지 못하네
      가련하다. 시냇물 따라 함께 흘러가니
      백억(百億) 바다 밑까지 사무쳐 향기롭네.

飢火炎炎燒斷腸한데

親逢王膳不能嘗이라

可憐併逐溪流去하니

百億滄溟透底香이로다

혜충국사의 무봉탑(慧忠無縫)

숙종 황제(肅宗皇帝)가 혜충 국사(慧忠國師)에게 묻기를 "스님께서 열반에 드신 후에 무슨 물건을 필요로 하십니까?"라고 하니 충 국사가 말씀하시기를 "노승에게 무봉탑(無縫塔)을 하나 세워 주십시오."라고 하시니 황제가 말하기를 "국사께서는 탑의 모양을 보여 주십시오."하니 충 국사가 한참 있다가 말씀하시기를 "아시겠습니까?"라고 하자 황제가 말하기를 "모르겠습니다."라고 하니 충 국사가 "제가 법을 부촉한 제자 탐원(耽源)이 이 일을 알고 있으니, 그에게 물어보십시오."라고 하셨다. 후일 조서를 내려 탐원에게 묻자, 탐원이 송을 지었다.

"상(湘)의 남쪽, 담(潭)의 북쪽!

그 가운데 황금으로 온 나라를 가득 채웠네.

그림자 없는 나무 아래 함께 배를 탐이여!

유리(瑠璃)대궐 위에 아는 이 없도다."

肅宗皇帝問忠國師云 百年後所須何物이니고 忠云 與老僧造箇無縫塔하소서 帝云 就師請塔樣하나이다 忠良久云 會麼아 帝云 不會니다 忠云 吾有付法弟子耽源하야 却諳此事하니 請問之하소서 後詔
問源하니 源乃有頌云
湘之南潭之北이여
中有黃金充一國이라
無影樹下合同船이여
瑠璃殿上無知識이로다

高峰 국사의 탑 모양 가장 뾰족하게 새로우니
눈앞에 들어내어도 문채가 드러나지 않네.
도리어 탐원이 한 선을 더해 놓으니
지금까지 그리려해도 아득하여 어지럽기만 하네.

國師塔樣最尖新하니
覿面拈來不露文이라
却被耽源添一線하야
至今描邈亂紛紛이로다

육긍 집안의 바위 하나(陸亘片石)

육긍 대부(陸亘大夫)가 남전(南泉)에게 묻기를 "저의 집안에 한 바윗돌이 있는데 앉기도 하고 눕기도 하였습니다. 여기에 부처를 새기려고 하는데 되겠습니까?" 남전 스님이 말씀하시기를 "되겠지!" 육긍대부가 말하기를 "될 수 없는 것이 아닙니까?" 남전 스님이 말씀하시기를 "될 수 없지! 될 수 없어."

陸亘大夫問南泉하되 弟子家中에 有一片石하야 也曾坐 也曾臥니다 擬鐫作佛得麽아 泉云 得得이니라 亘云 莫不得麽아 泉云 不得不得이니라

高峰 시냇가 수양버들 푸른 가지 드리우고
가지 위 꾀꼬리는 꾀꼴꾀꼴 울어대네
허다한 상춘객들 봄을 알지 못하고서
부질없이 꽃잎만 무수히 지게 하네

楊柳溪邊垂綠線이여
黃鶯枝上聲聲囀이라
幾多貪玩不知春하고
空使落花千萬片이로다

영운이 복사꽃을 보고서 도를 깨침(靈雲見桃花悟道)

高峰　30년 동안 꿈속에서 살다가
　　　　생애가 다하여 행적이 끊어졌네.
　　　　부끄러워라. 복사꽃 한번 본 후에도
　　　　여전히 하늘 가득 검은 바람 휘몰아치니.

　　　三十年來在夢中
　　　生涯喪盡絶行蹤
　　　自慚一見桃花後
　　　依舊漫天鼓黑風

알고 있노라 잘 알고 있노라(諦當諦當)

현사(玄沙)가 말하기를 "알고 있노라. 잘 알고 있노라. 감히 노형은 깨치지 못하였다고 보증하노라."고 했다.

　　玄沙云 諦當甚諦當하노니 敢保老兄未徹在라

高峰　꽃 떨어지는 누대 위에 거듭 비단을 펴고
　　　　마노(瑪瑙)의 계단 앞에 붉은 모래 깔아 놓았네.
　　　　정의(情義)는 모두 가난한 곳에서 끊어지나니

세상사람들은 부잣집만 찾아 가네.

落花臺上重鋪錦하고
瑪瑙階前布赤沙라
情義盡從貧處斷하나니
世人偏向有錢家로다

종문의 일을 거량하지 않다(未擧宗事)

　협산 화상(夾山和尙)이 대중에게 보여 말씀하시기를 "나는 20년을 이 산에 머물렀지만 일찍이 종문중(宗門中)의 일을 들어 말하지 않았노라." 어느날 어떤 스님이 묻기를 "화상께서 말씀하시기를 '20년 동안 이 산에 머물렀지만 일찍이 종문(宗門)의 일을 들어 말하지 않았다'라고 하셨는데, 그렇게 말씀하신 적이 있습니까?" 협산이 "그렇다."라고 하시니, 그 스님이 곧장 선상(禪牀)을 뒤엎어 버렸다. 협산이 곧 그만두었다. 그 이튿날 보청(普請:大衆運力)으로 큰 굴을 파고서, 시자로 하여금 어제 그 말을 물었던 스님을 청해 오도록 하였다. 협산이 그에게 말씀하시기를 "노승은 20년 동안 뜻이 없는 말만 하였으니, 이제 청컨대 상좌는 노승을 쳐죽여 이 구덩이 속에 묻어라. 상좌가 만일 이 노승을 죽이지 않는다면 상좌 스스로 죽어 이 구덩이 속에 들어가야 할 것이다."라고 하시니 그 스님이 법당으로 돌아가 행장을 챙긴 뒤 살며시 가버렸다.

夾山和尙示衆云 我二十年住此山하되 未曾擧著宗門中事니라 一日有僧問하되 承和尙有言하시되 二十年住此山하되 未曾擧著宗門中事라 하니 是否니가 山云 是니라 僧便掀倒禪牀하니 山休去하니라 至明日普請掘一坑하고 令侍者請昨日問話僧來하고서 山云 老僧二十年來에 只說無義語이니 今請上座는 打殺老僧하야 埋向坑中하라 便請便請하노라 上座若不打殺老僧이면 上座自著打殺하야 埋此坑中始得이니라 其僧歸堂하야 裝束潛去하니라

高峰   붉은 태양 찬란하게 허공에 떠 있으니,
어제와 오늘의 일이 같지 않노라.
고금이 모두다 끊어졌다고 말들 하지만,
적이 지나간 후 활 당긴 것을 누가 알리요?

紅輪杲杲正當空하니
昨日今朝事不同이라
盡謂古今都坐斷이나
誰知賊過後張弓이리오

밭을 갈아주면 설법하리라(開田說義)

　백장(百丈)이 말씀하시기를 "너희들이 나를 위하여 밭을 갈아준다면 나는 너희들을 위하여 대의(大義)를 설(說)하여 주리라." 스님들이 밭을 갈고나서 말하기를 "밭을 이미 다 갈았습니다. 청컨대 화상께서는 대의(大義)를 말씀하여 주소서."하니 백장이 두어 걸음 걷다가 우뚝 서서 양손을 활짝 벌렸다.

　百丈云 汝等爲我開田하면 吾爲汝說大義하리라 僧開田了하고 白云 開田已竟이라 請和尙說大義하소서 百丈行數步而立하야 展開兩手하시다

高峰　쌓인 재화 속에서 여러 해 동안 벗어나고자 하여
　　　　교묘하게 말을 꾸미어 모든 사람을 홀리게 했네.
　　　　집어내어 당장에 팔려고 하였지만
　　　　그 값이 하늘을 찌를 듯하니 어느 누가 가까이 하랴.

　　滯貨多年要脫身하야
　　巧粧綺語說諸人이라
　　及乎拈出當場賣나
　　索價遼天誰敢親가

형산에 비장 된 보배(形山一寶)

운문이 법어를 드리워 말하기를 "건곤(乾坤)의 안과 우주의 사이, 그 가운데에 하나의 보배가 있는데, 형산(形山)에 비장되어 있노라. 등롱(燈籠)을 들고 불전(佛殿) 속으로 향하며, 삼문(三門)을 가지고 등롱(燈籠) 위로 오도다."

雲門垂語云 乾坤之內와 宇宙之間에 中有一寶하야 祕在形山이라 拈燈籠向佛殿裏하며 將三門來燈籠上이로다

高峰 활시위와 달리는 말이 서로 만나니,
　　　눈앞에 온전히 들어 보여도 공을 보지 못하여
　　　윤왕(輪王)의 세 치로 된 철을 들고서
　　　곧바로 피를 뿌려 범천을 붉게 물들였네.

　　　弓絃走馬驀相逢하니
　　　覿面全提未見功이라
　　　拈出輪王三寸鐵하야
　　　直敎血濺梵天紅이로다

고불의 가풍(古佛家風)

어떤 스님이 자명 선사(慈明禪師)에게 묻기를 "어떠한 것이 고불(古佛)의 가풍(家風)입니까?"하니 자명이 말씀하시기를 "둥근 달이 저 바다에 떠오르니, 어느 곳인들 밝지 않으랴!"라고 하셨다.

僧問慈明하되 如何是古佛家風이니고 明云 銀蟾初出海에 何處不分明가

高峰　둥근 달이 바다에 떠올라 사심 없이 비춰주니,
　　　 곳곳마다 분명한 것 그 누구일까?
　　　 얼굴을 보아도 모름지기 거듭 묻지 말고
　　　 해 쪼이고 바람 부는 대로 두어라.

銀蟾出海照無私하니
處處分明是阿誰오
見面不須重問訊하고
從敎日炙與風吹하라

부동존불(不動尊佛)

어떤 스님이 자명(慈明)에게 묻기를 "어떠한 것이 부동존(不動尊)입니까?" 자명이 말씀하시기를 "끌어도 일어나지 않느니라."고 하셨다.

僧問慈明如何是不動尊이니고 明云 提不起니라

高峰 부동존(不動尊). 끌어도 일어나지 않음이여!
아득한 우주 그 누가 알 수 있으랴.
가을 강 맑은 밤에 달빛이 빛나는데,
해오라기는 갈대꽃 속으로 날아 드네.

不動尊提不起여
茫茫宇宙誰能委오
秋江淸夜月澄輝한데
鷺鷥飛入蘆花裏로다

금모사자(金毛獅子)

이부마(李駙馬)가 자명(慈明)에게 묻기를 "제가 들으니 서하(西河)에 금모사자(金毛獅子)가 있다고 하는데, 사실입니까?" 자명이 말씀하시기를 "부마는 어느 곳에서 이러한 소식을 얻었는고?" 이부마가 한번 할(喝)을 하자, 자명이 말씀하시기를, "야간(野犴)이 우는 소리로다." 이부마가 또 다시 할을 하자, 자명이 말씀하시기를, "사자후(獅子吼)니라."고 하셨다.

 李駙馬問慈明하되 我聞西河有金毛師子라하니 是不니가 明云 駙馬甚處得遮消息고 李喝一喝하니 明云 野犴鳴이로다 李又喝하니 明云 獅子吼로다

高峰 역풍(逆風)이 불고 또 순풍(順風)이 불어옴이여
   쇠 눈과 구리 눈동자인들 어찌 감히 엿보랴?
   만고의 푸른 못에 비친 허공의 달을
   건지고 또 건져야 비로소 알 수 있으리.

  逆風吹又順風吹여
  鐵眼銅睛爭敢窺아
  萬古碧潭空界月을
  再三撈摝始應知로다

황룡의 3관에 대하여(黃龍三關)

高峰 부처의 손과 나귀의 다리와 태어나는 인연이여
귀신 얼굴, 사람 머리가 얼마나 될까?
구름 개인 푸른 하늘엔 외로이 달만 밝아
사무치게 맑은 못에 달그림자 둥그렇네

佛手驢脚與生緣이여
鬼面人頭有許般가
雲散碧天孤月朗하니
澄潭徹底影團團이로다

오조가 행랑을 돌면서(五祖遶廊)

오조법연 화상(五祖法演 和尙)이 어느 날 석장을 들고 행랑을 돌면서 말씀하시기를 "소(牛)처럼 어리석은 사람들이 명을 묻지 않는가?" 대중들이 모두 말이 없자 스스로 말씀하시기를 "손빈(孫臏)이 오늘날 점포를 열어 놓으니, 다시는 한 사람도 돌아보지 않는구나! 가련하다. 석 자나 되는 용수염을 보통 너덜너덜해진 베라고 말하다니."

五祖演和尙 一日持錫遶廊云 莫有屬牛人問命麼아 衆皆無語하니 自云 孫臏今日開鋪에 更無一人垂顧라. 可憐三尺龍鬚를 喚作尋常

破布로다

高峰　괜스레 평지에 전쟁을 일으키니
　　　어찌 소 같은 사람이 더 많은 것만 하랴?
　　　얼굴 가득히 부끄러워 몸 둘 곳이 없으니
　　　고개 숙이고 예전처럼 여라넝쿨 속으로 들어가네.

　　　無端平地起干戈하니
　　　爭似屬牛人更多아
　　　滿面慙惶無著處하니
　　　低頭依舊入煙蘿로다

오조가 감수(監收)를 그만두면서(五祖謝監)

　오조연 화상(五祖演和尙)이 감수(監收: 사원전답(田畓) 수세를 받는 직책)를 사례하고 법당에 오르자…(뒷 부분에 궐자가 많아서 해석할 수 없음)에 대하여

　五祖演和尙　謝監收上堂　人之性命　第一須是○　欲得成此○　先須防於○　若是眞○人　○○

高峰　1 2 3 4 5 6의 권(圈: 우리 범위)이여

염통과 간이 부서지고 해골이 뚫어졌도다.
만일 모난 나무를 둥근 구멍에 넣는다면
추한 노파가 어떻게 소년을 얻을 수 있겠는가?

一二三四五六圈이여
心肝粉碎髑髏穿이라
若將方木投圓竅면
醜姥爭教得小年가.

게송(偈頌)

조주 무자를 송하여 진태위에게 보이다(頌趙州無字示陳太尉)

맑은 못에 독룡이 천년 동안 서려 있어
산을 무너뜨리고 강을 뒤엎는 걸 그 누가 보랴.
당장에 한 칼로 두 동강을 내니
허공이 부서지고 뼈마저 말라버렸네.

澄潭千載毒龍蟠하야
倒嶽傾湫誰解看가
直下一刀成兩段하니
虛空粉碎髑髏乾이로다

여법 선인에게 보이다(示如法禪人)

1) 근원을 알고 그를 알았더라도

온 몸은 아직도 티끌 속에 떨어져 있고
비록 법좌(法座)까지 모두 뒤엎었더라도
오히려 연기 노을은 푸른 산을 둘러 있도다.

識得根源認得伊라도
全身猶墮在塵圍하고
縱然和座都掀倒라도
尙有煙霞遶翠微로다

2) 곧바로 가파른 낭떠러지 상상관(上上關)으로 나아가니
흰구름 그림자 속에 몸을 돌리기 어려워라.
그 가운데 만일 신통변화를 할 수 있게 한다면
주린 자의 밥과 밭가는 이의 소를 빼앗아가는 것이
다 부질없는 일이네.

直造懸崖上上關하니
白雲影裏轉身難이라
箇中若使能通變하면
奪食驅耕總是閒이리라.

3) 여여부동(如如不動)한 법중(法中)의 왕이여
　　발을 듦에 모두가 도량 아님이 없어라
　　물이 다하고 구름이 다한 곳에 이르지 않으면
　　어떻게 눈앞에 있는 것이 주인인 줄 알리요.

　　如如不動法中王이여
　　舉足無非是道場이라
　　不到水窮雲盡處면
　　爭知覿面是檀郞가

여몽 선인의 행각에 보이다(示如夢禪人行脚)

한가한 곳에 거하지 말고 고요한 데 머물지 말라.
들어갈수록 더 깊어지고 더욱 그윽하고 견고하도다.
비록 깊고 깊은 데 이르러 철저하게 다한 때에도
다시 또 한걸음 남은 줄을 알아야 하느니라.

閒處休居靜莫住하라
轉入轉深轉幽固라
縱至深深盡底時에도
更須知有那一步니라

옛날 조계에 친히 이르렀어도
오늘날 이따금 어긋난 바가 많도다.
만일 목전(目前)의 기연을 다 없애지 아니하면
산악을 거꾸러트리고 못을 기울여도 찾을 곳이 없으리.

昔日曹溪親到來라도
今時往往多差互라
若非喪盡目前機면
倒嶽傾湫無覓處리라

산중의 4위의로써 불감사옹에게 바치는 글(山中四威儀供佛鑑師翁韻)

1) 산중에 다님이여!
　 걸음걸이는 높고 몸은 가벼워라.
　 날아가려 하여도
　 오직 세상 사람이 놀랄까 두렵노라.

山中行이여
步高身儘輕이라
擬飛去나

惟恐世人驚이노라

2) 산중에 머무름이여!
　　어스레한 구름이 무수하여라
　　맹세코 서로 기약함이여!
　　함께 무생로(無生路)를 지키리라.

　　山中住여
　　黯淡雲無數라
　　誓相期여
　　共守無生路리라

3) 산중에 앉아 있음이여!
　　허공의 꽃이 떨어짐을 고요히 보노라.
　　묻노니 무엇 때문인가?
　　단란(團欒)한 열매 맺기를 기다리노라.

　　山中坐여
　　靜看空花墮라
　　問何爲아
　　待結團欒果노라

4) 산중에 누워 있음이여!
달은 지고 원숭이는 울며 지나가는데
어찌 제대로 잠을 이룰 수 있으랴?
부동의 선정(禪定)이 깨어지도록 놓아두리.

山中臥여
月落猿啼過라
正堪眠가
石定從敎破노라

구름 속의 암자(雲庵)

엷어졌다 짙어졌다 비를 몰고 지나가고
퍼졌다 모였다 바람을 거슬러 오네
오가는 길 머무를 곳 없음이 가여워서
문득 사립문을 밤새껏 열어 놓노라.

或淡或濃拖雨去하니
半舒半捲逆風來라
爲憐途路無棲泊하야
却把柴扉永夜開하노라

제자들에게 보이다(示徒)

1) 도를 배울 적엔 처음 마냥 마음을 변치 말고
   온갖 마와 어려움이 있을수록 더욱 정신 차려라.
   모름지기 허공의 골수를 두들겨내고
   금강의 뇌후(腦後)에 박힌 못을 뽑아버려라.

   學道如初莫變心하고
   千魔萬難愈惺惺하라
   直須敲出虛空髓하고
   拔却金剛腦後釘하라

2) 도를 배우는 마음은 맑은 거울과 같으니
   가는 티끌이라도 물들면 곧 형체를 잃게 된다.
   툭 트이어 본래 모습을 비추어내면
   한 줄기 푸른 연기 청산을 감싸리라.

   學道之心似鏡明하니
   纖塵纔染便忘形이라
   廓然照出娘生面하면
   一簇靑烟銷翠屛이리라.

3) 도 배우기 물 거슬러 배젓기와 같으니
　　삿대질에 힘기울여 떠내려 가지 마라.
　　홀연히 발 헛디뎌 몸이 거꾸러지면
　　차가운 강물 속 조각달을 밟게 되리.

　　　學道如撑逆水舟하니
　　　篙篙著力莫隨流하라
　　　忽然失脚翻身去하면
　　　踏斷寒江月一鉤이리라

　　또 다시 제자들에게 보이다(又示徒)

공부에 과연 참된 의심이 있으면
동정(動靜)과 한훤(寒暄)을 모두 모르게 된다.
베개가 갑자기 입을 벌려 웃고
발우가 수미산(須彌山)에 뛰어 오른다.

　　工夫果的有眞疑면
　　動靜寒暄總不知라
　　枕子驀然開口笑하고
　　鉢盂踍跳上須彌로다

순겸 수좌가 탁발하러 가는 길에 보이다 (示淳謙首座持鉢)

천 집 만 집 모두가 유마 거사의 방장실이요
열 말 백 말 곡식은 달마의 눈동자 아닌 게 없네.
만일 여기에서 깨치면
어찌 수고로이 밖을 향해 경영하리요.
혹시 그렇지 못하다면
쯧! 쯧!
술집과 창녀의 집을 지나가지 말고
용궁과 호랑이 굴을 몸소 들어가야 한다.

千家萬家가 總是維摩丈室이오
十斛百斛이 無非達磨眼睛이라
若向遮裏會得하면
何勞向外經營가
其或未然이면
咄
酒肆淫坊休放過하고
龍宮虎穴要親臨하라

제자들에게 세 가지의 경계를 보이다 (示徒三戒)

1) 입을 벌려 혀를 움직일 때에 사람들에게 이익되는 바 없거든 이를 경계하여 말하지 말라.

2) 마음을 내어 생각을 일으킬 때에 사람들에게 유익한 바 없거든 이를 경계하여 생각을 일으키지 말라.

3) 발을 들어 걸음을 걸을 때에 사람들에게 도움이 되는 바 없거든 이를 경계하여 행하지 말라.

　　開口動舌에 無益於人이어든 戒之莫言하라
　　擧心動念에 無益於人이어든 戒之莫起하라
　　擧足動步에 無益於人이어든 戒之莫行하라

세상을 떠나면서 (辭世)

와도 사관(死關)을 들어오지 않았고
가도 사관(死關)을 벗어나지 않았다.
쇠 뱀이 바다를 뚫고 들어가
수미산을 쳐 무너뜨리도다.

來不入死關이오

去不出死關이라

鐵蛇鑽入海하야

撞倒須彌山이로다

소불사(小佛事)

약경 상좌의 다비에 횃불을 들고 말씀하셨다. (若瓊上座火)

"여기에서 깨달으면 한포기 풀을 들더라도 곧 경루(瓊樓) 옥전(玉殿)이요, 그렇지 못하면 경루·옥전이 곧 한포기의 풀일 것이다."

불을 던지면서 말씀하셨다.

"눈썹을 추켜세우고 불 속을 보라."

擧炬云 向遮裏薦得하면 拈一莖草에 卽是瓊樓玉殿이어니와 不然이면 瓊樓玉殿이 卽是一莖草리라 擲下火云 剔起眉毛火裏看하라

지족정인의 다비에(志足淨人火)

삶은 부족함이요, 죽음은 유여(有餘)한 것이라.
재는 날고 연기는 사라져 온 몸이 드러났네.
문득 이러하니 무엇에 얽매임이 있으랴.

6월의 불꽃 더위 속에 화로의 불길이 솟도다.

生不足이오 死有餘라
灰飛烟滅露全軀니라
便恁麼어니 有何拘리오
六月炎炎火一爐로다

지장 정인의 뼈를 부수면서(志藏淨人鍛骨)

일대장교(一大藏敎), 전체가 불이라.
만일 영남(嶺南)에 영골(靈骨)이 있다면
맨 몸으로 짊어지기에 좋으리라.
그러나 다시 벌건 화로에 집어넣어 거듭 단련해야 하느니라.

一大藏敎가 全體是火라
若有嶺南靈骨이면
便好赤身擔荷리라
雖然이나 更入紅爐重鍛過니라

두 정상좌의 뼈를 부수면서(한 사람의 이빨이 부서지지 않았다.)〔二正上座鍛骨(·人齒不壞)〕

정상좌(正上座)여! 둘은 쌍을 이루지 못하고
하나는 한짝을 이루지 못하도다.
치아는 분명히 갖추어진 뼈로되
만번 화로에 불태워도 그 빛이 찬란하구나
진흙소가 창룡 굴(窟)을 떠받아 부숴버리도다.

正上座여 兩不成雙이오
一不成隻이라
牙齒分明是具骨이나
萬鍛爐中色正輝이라
泥牛觸碎蒼龍窟이로다.

지광 거사(오나라 선비)의 다비에(志光居士火(吳士))

횃불을 들어 원상(圓相)을 그리면서 말씀하셨다.
"고소수(姑蘇水)여! 천목산(天目山)이여!"
모두가 유마(維摩)의 불이관문(不二關門)이니라.
치솟는 불길 속에서 머리를 돌린 곳에

어렴풋한 그 모습이 인간과 같도다."

以火打圓相云
姑蘇水 天目山이여
總是維摩不二關이라
烈㷔光中回首處에
依稀髣髴似人間이로다

      광사 상좌의 뼈를 부수면서(廣捨上座鍛骨)

취할 수도 없고 버릴 수도 없다.
바로 이러한 때에 어떻게 알아야 할꼬?
쯧!쯧! 눈썹을 치켜들고 불속을 바라보니
분명 한 구(具)의 황금뼈로다.

取不得 捨不得이라
正恁麼時에 如何委悉가
咄剔起眉毛火裏看하니
分明一具黃金骨이로다

명산도관의 다비에(明山都管火)

　　횃불을 들어 원상을 그리면서 말씀하셨다.
"여기에서 바로 보면 산은 곧 산이요, 물은 곧 물임을 보리라.
큰 바다 밑에 화성(火星)이 날고
천목산(天目山) 봉우리 위에 물결이 일어나도다.
그렇지 않다면
불을 던지면서 말하였다.
"집집마다 문 앞에 횃불이로다."

以火打圓相云　遮裏見得하면　便見山卽山　水卽水라　大洋海底火星飛하고　天目峰頭波浪起라　不然이면　擲下火云　家家門前火把子로다

지명 도인의 다비에(志明道人火)

다만 이 한 물건은 전할 수 없노라.
오직 명도인(明道人)만이 시종(始終) 잘 지켜 왔으니
철우(鐵牛)가 불속에서 뒤집혀 곤두박질하도다.

只遮一著子는　今古無傳授라

惟有明道人이 始終能保守하니
鐵牛火裏翻筋斗로다

득의 화주를 부도탑에 넣으면서(得意化主入塔)

뜻을 얻으면 말을 잊고 역행과 순화로써
항상 길에 있으면서도 집을 떠나지 아니하였네.
손가락 한 번 퉁김에 부도탑 문이 열림이여.
온 세계에 해골을 감출 곳 없으니
여기에 온 몸을 모두 내려 놓아라.

得意忘言하고 逆行順化하야
常在途中하야도 不離家舍라
彈指一下에 塔戶開了也여
徧界髑髏無處藏하니
遮裏全身俱放下하라

법담 상좌의 다비에(法曇上座火)

그대의 이름은 구담(瞿曇)이고 불명은 법담(法曇)이다.

분명히 말해 주었으니, 의심나면 따로 참구하여라."

  불을 던지면서 말하였다.

"큰 바다 속에 감실(龕室)을 불태우도다."

汝名瞿曇이오 佛名法曇이라

分明擧似하니 疑則別參이어다

擲火云

大洋海裏火燒龕이로다.

불조찬(佛祖讚)

관세음보살(觀音大士)

큰 바다 물결 속, 편평한 바위 위에
나투신 진관(眞觀)과 정관(淨觀)이여
그 모습 상(相)이면서 상(相)이 아니로다.
달이 하늘에 있음이여
물마다 나타나지 않음이 없나니
물과 달을 모두 버린다면
어떻게 우러러볼 수 있겠는가?
쯧쯧! 아예 망상(妄想)하지 말라.

大海波心 磐陀石上에
眞觀淨觀이여
是相非相이라
如月在天에
無水不現이나
水月俱捐하면

如何瞻仰가
咄切忌妄想하라

달마 조사(達磨祖師)

깃발을 펴고 진을 뻗쳐 양나라로 들어가니
천자를 보기도 전에 이미 항복하였네.
비록 신통력이 있으나 관안을 번복하기 어려우니
너풀너풀 한 갈대 잎으로 장강(長江)을 건너가도다.

開旗展陣入梁邦하니
未覩天顔早已降이라
縱有神通難轉欵하니
翩翩一葦渡長江이로다

삼공이 찬을 청하다(三空請讚)

서역을 떠나기도 전에
나쁜 소문 이미 퍼졌네.
면벽(面壁) 9년도 한바탕 허물이어라.

쯧! 쯧! 많은 아손(兒孫)들을 속여
오늘날까지 말뚝에 못박고
노저음을 알지 못하도다.

未離西乾에 惡聲已布라
面壁九年도 一場敗露라
咦 不知賺却多少兒孫하야
直至如今釘椿搖櫓로다

자찬(自讚)

　사자원 명초 원주의 청에 의하여(師子院明初院主請)

코에는 두 구멍이 없고 눈에는 두 눈동자 드러났네.
아무 면목(面目)이 없으니
한결같이 사람들에게 미움을 사노라.
3세를 이어온 업을 무심히 없애버리고
백운 천봉 위에서 자유로이 날뛰도다.
일시에 사관(死關)을 끊어도
스스로 나쁜 소문을 가리기 어려우니,
어찌 그의 얼굴 그리려다가 더욱 가련함을 당하랴.
하 하 하!
30년 후 어찌 사람들이 길에서 불평을 당하지 않겠는가?

鼻無兩竅하고 眼露雙睛이라
十分無面目하니 一味得人憎이로다
將正續三世之業하야 等閒籍沒하고
向白雲千峰之上하야 特地掀騰이로다

284 Ⅱ. 고봉화상 어록

坐斷死關하야도 幸自惡聲難掩이어늘

那更被伊描邈하야 轉見可憐生가

呵呵呵

三十年後에 寧無人路見不平가

　　　대각 선사 조옹 장로의 청에 의하여(大覺禪師祖雍長老請)

가운데는 크고 위에는 독이 서려 있어
사자(獅子)의 위엄을 떨치도다.
평생동안 무거운 병을 짊어지고 있으나
온 세상에는 훌륭한 의원이 없도다.
연봉(蓮峰)에 한 줄기 풀을 꽂아놓고
소실(少室)을 위해 천균(千鈞)의 쇠뇌를 쏘도다.
혀 끝에 뼈가 없고 이마 아래에 눈썹이 나도다.
개산(開山)이라 불러도 곧 그르치고,
개산(開山)이라 부르지 않아도 그르도다.
후대에게 마음대로 침질하도록 맡기노라.

中大仰毒하야

奮師子威라

平生負重病이나

舉世無良醫로다

向蓮峰挿一莖草하고

爲少室發千鈞機라

舌頭無骨하고 額下生眉로다

喚作開山卽錯이오

不喚作開山猶非라

從敎後代亂針錐하노라

서은 접대사 입산주 청에 의하여 (지명은 서마증:西馬膡)
〔西隱接待師立山主請(地名西馬膡)〕

새까만 눈동자, 무쇠 얼굴이여

고봉(高峰) 정상(頂上)을 향하도다.

쌀알 없는 밥으로 천하 납자의 목구멍을 막으니,

이는 집안에 흔히 있는 일이다.

무엇 때문에 다시 사람들에게

일귀하처(一歸何處)의 화두를 참구케 하는가?

훔! 강남 삼월의 따뜻한 날

마증의 서쪽 언덕 한없는 봄이 그립구나.

烏豆眼睛生鐵面이여

直向孤峰頂上이라.

將無米飯塞斷天下衲子咽喉하니

固是家常이라 因甚更敎人參箇一歸何處아

咄 憶著江南三月天에

馬膁西畔春無數로다

쌍계선암의 청에 의하여(雙髻禪庵請)

무명(無明)을 방자히 하고 인아(人我)를 드러내
석가를 비방하고 달마를 꾸짖음이여
비록 적심(赤心)이나 도리어 말에 떨어졌도다.
6년 동안 점포에 앉았어도 물건은 팔지 아니하여
지금까지도 사람들은 재물이 쌓여 있다고 부르네.

恣無明 逞人我하야

誹釋迦 罵達磨여

雖是赤心이나 返成話墮라

六年坐鋪賣不行하야

至今被人喚作滯貨로다

선인이 찬을 청함에(禪人請讚)

이 촌승이 명예 얻기만을 좋아하여
꼬리를 드러내자 천하 사람들이 미워하도다.
암두가 은밀히 말해 준 곳을 알지 못하고
앙산(仰山)의 선(禪)을 깨쳤다고 우겨대네.
여기에 허물이 드러나 가리기 어려워서
아손(兒孫)에게 남기어 만세에 전해지네.

遮箇村僧이 只好聞名하야
尾巴纔露에 天下人憎이로다
不識巖頭密啓處하고
剛言悟得仰山禪이라
遮場敗露難遮蓋하야
留與兒孫萬世傳이로다

고봉화상
高峰和尙

행장(行狀)
•
탑명(塔銘)

행장(行狀)

선사의 속성은 서씨(徐氏)이고, 이름은 원묘(原妙)이며 소주(蘇州)의 오강(吳江) 사람이다. 수주(秀州) 밀인사(蜜印寺)에서 수업하였으며 설암 조흠(雪巖 祖欽) 선사의 말상좌〔的嗣〕이기도 하다.

송(宋) 가희(嘉熙: 理宗의 연호) 무술년(1238) 3월 23일 신시(申時: 15~17시)에 태어났으며 계축년(1253)에 구족계를 받았으며, 보우(寶佑: 이종의 또 다른 연호) 을묘년(1255)에 행각하여 신유년(1261)에 깨침을 얻었다.

병인년(1266)에 용수사(龍鬚寺)에 은거하여 9년 동안 고행을 하였다. 갑술년(1274)에는 쌍계봉(雙髻峯)으로 옮겨 갔으며, 원(元) 세조(世祖) 16년 기묘(1279)에는 서봉(西峰)으로 올라갔다.

신사년(1281)에는 장공동(張公洞)으로 들어가 '사관(死關)'이라 하는 편액(扁額)을 걸고 그 문밖을 나가지 않았다. 15년 동안 학도들이 참청(參請)하여 하루도 거르는 날이 없었고 승속간에 계를 받은 사람은 거의 몇 만명에 이르렀다.

사자산(師子山) 대각사(大覺寺)에서 개산(開山)하였고 원정(元貞:元 成宗의 연호) 원년 을미(1295) 섣달 초하루에 향을 사른 뒤 게(偈)를 설하여 대중에게 영결을 고하고 앉은 채로 열반에 들었다. 세수는 58세, 법랍은 43세였으며 문도는 백명에 가까웠다. 그달 21일 경신일에 사관의 경내에 선사의 부도[龕塔]를 모신 것은 선사의 유언에 따른 것이다.

     효 소사(孝小師) 명초(明初)와
     사법비구(嗣法比丘) 조옹(祖雍)은 기록하다.

行 狀

師의 姓은 徐요 諱는 原妙이며 蘇之吳江人이라 受業秀之密印하며 雪巖欽禪師的嗣니라 生宋戊戌三月二十三日申時하고 受具癸丑하며 寶祐乙卯에 行脚하야 辛酉에 得悟하고 丙寅에 隱龍鬚하야 苦行九載하고 甲戌에 遷雙髻하고 大元己卯에 上西峰하고 辛巳에 入張公洞하야 扁死關하고 不越戶하니라 十五年에 學徒參請하야 無虛日하고 僧俗授戒幾數萬人이라 開山師子大覺하고 元貞乙未臘月朔에 焚香說偈告衆坐亡하시니 春秋五十八이요 臘四十三이며 度徒弟幾百人이라 以是月二十一日庚申에 全龕塔於死關之內하니 從治命也니라

     孝小師 明初와 嗣法比丘 祖雍은 識하다

행장(行狀)

　선사의 이름은 원묘(原妙)요, 법호는 고봉(高峰)이며 오강(吳江) 사람으로 속성(俗姓)은 서(徐)씨이다. 어머니 주(周)씨가 스님이 배를 타고 찾아와 투숙하는 꿈을 꾸고서 선사를 잉태하여 송(宋) 가희(嘉熙:理宗의 연호) 무술 3월 23일 신시에 태어났다. 겨우 부모의 품을 떠날 어린 나이에 가부좌하기를 좋아하였고 그의 집에 스님이 찾아오면 곧 스님을 사모하여 함께 종유(從遊)하기를 원하였다. 15세에 이르러 부모에게 출가할 것을 간청하여 가화(嘉禾) 밀인사 법주(法住) 스님에게 귀의하여 은사로 삼고 16세에 삭발하여 17세에 구족계(具足戒)를 받아 18세에는 천태교(天台敎)를 익히다가 20세에 옷을 바꾸어 입고 정자사(淨慈寺)에 3년 사한(死限)을 정하고 참선에 들어갔는데 어느 날 부형이 선사를 찾아왔으나 의연하게 돌아보지도 아니하였다.
　22세에는 단교 묘륜(斷橋妙倫)선사에게 가르침을 청하자, 그는 선사에게 "태어날 때에는 어디에서 오고 죽으면 어느 곳으로 가는가(生從何來, 死從何去)"라는 화두를 참구하도록 하였다. 이에 자리에 눕지 않고 음식 맛과 몸을 모두 잊었으며 혹 변소에 갈 적에는 중단(中單 : 속옷)차림만 하고 나가기도 하고 혹 궤짝을 열어 놓고서도 자물쇠를 잠그는 것조차 잊고 떠나 가기도 하였다. 당시 함께 참선하던 현(顯) 스님은 개연(慨然)히 "나의 일을 잘하지 못할 바에야 그를 성불하도록 도와주는 것만 같겠는가"라고 말하며, 아침 저녁으로 그를 보호하되 오직 삼가히 대하였다.

당시 설암흠(雪巖欽) 선사가 북간탑(北磵塔)에 주석하였는데 이에 흔연히 향을 가지고 그를 찾아가 묻자마자 그는 곧 몽둥이로 쳐서 내쫓아버리고 문을 닫아버렸다. 다시 찾아가서 비로소 친견하였을 때 '무자(無字)'화두를 참구하라 하여 헛되이 보내는 날이 없이 정진하였었는데, 조흠 선사가 문득 "무엇이 너의 송장을 끌고 왔는가"라고 묻고 물음이 채 끝나기도 전에 곧 몽둥이로 쳤다. 이와 같이 하기를 몇 번이나 하였는지는 알 수 없으나, 가르침을 받으려는 선사의 마음은 더욱 견고하였다. 조흠 선사가 남명사(南明寺)로 옮겨가자 선사는 곧 쌍경사(雙徑寺)로 올라가 선당(禪堂)에 참여한 지 보름 만에 우연히 꿈속에서 단교 묘륜 선사에게서 들었던 "만법이 하나로 돌아가니 하나는 어디로 돌아가는가(萬法歸一, 一歸何處)"라는 화두가 문득 생각나서 의심덩이가 단박에 일어났다. 이로부터 3일 동안 밤낮으로 눈을 붙이지 않앉는데, 어느 날 소림기일(小林忌日)에 대중스님을 따라서 삼탑(三塔)에 나아가 풍경(諷經:讀經)할 즈음에 머리를 들어 문득 오조 법연(五祖 法演) 선사의 영정에 붙인 찬(讚)에 이르기를,

백년 3만6천일을
반복하는 것이 원래 이놈이다

百年三萬六千日
返覆元來是遮漢

라는 구절을 보고서, 갑자기 "이 죽은 송장을 끌고 다니는 것이 무엇이냐(拖死屍句)"라는 화두의 의심을 타파하였다. 그 때 선사의 나이 24세였다.

여름 결제가 끝난 뒤 남명사로 찾아갔는데 조흠 선사는 그를 보자마자 곧 물었다.

"무엇이 너의 송장을 끌고 여기에 왔는가"

선사는 곧 '억' 하고 할(喝)을 하자 조흠 선사가 몽둥이를 집어들었다. 선사는 몽둥이를 붙잡고서 말하였다.

"오늘은 저를 때리지 못할 것입니다."

조흠 선사가 대답하기를,

"무엇 때문에 때리지 못한단 말인가"

라고 하자, 선사는 소매를 떨치고 나가 버렸다. 그 이튿날 조흠 선사가 다시 물었다.

"만법이 하나로 돌아가니 하나는 어느 곳으로 돌아가는가?"

선사가 말하였다.

"개가 뜨거운 기름솥을 핥습니다."

"너는 어디에서 이 헛된 것을 배웠느냐?"

"선사께서 의심하실 만합니다."

이에 조흠 선사가 그만두었으며 그후로부터 기봉(機鋒)을 사양하지 않게 되었다. 그 이듬해 강심사(江心寺)에서 여름을 지내고 두루 행각을 하면서 국청사(國淸寺)를 경유하여 설두사(雪竇寺)를 지나가다가 서강 모희 수담(西江 謀希 叟曇)을 친견한 뒤 단과(旦過 : 객실)에 머물고 있을 때, 수담 선사가 물었다.

"어디에서 왔는가?"

선사가 포단(蒲團)을 던져버리자, 수담 선사가 말하였다.

"개의 불성〔狗子佛性〕에 대해 너는 어떻게 생각하는가?"

"대가(大家)를 던져버리고 살펴보십시오(拋出大家看)."

수담 선사는 그를 보내고 자기 처소로 돌아갔다. 조흠 선사가 도량사에 패(牌)를 걸고 천령(天寧)에서 개법(開法)하였을 때 선사는 모두 그를 따라 시봉하였다. 여러 차례 그에게 장차 소임을 맡기려 하였으나 기필코 사양하므로 억지로 권할 수 없었다.

어느 날 조흠 선사가 물었다.

"날마다 복잡할 때에도 주재(主宰)가 되느냐?"

"주재가 됩니다."

또 다시 물었다.

"잠이 들었을 때 꿈속에서도 주재가 되느냐?"

"주재가 됩니다."

"바로 잠이 들었을 때에는 꿈도 없고 생각도 없고 보는 것도 없고 듣는 것도 없는데, 주재는 어느 곳에 있는가?"

선사가 아무런 말이 없자 조흠 선사가 부촉(付囑)하기를,

"오늘부터는 너는 부처를 배운다거나 법을 배울 것이 없으며, 또한 너는 옛것을 궁구할 것도 없고 오늘날의 것을 궁구할 것도 없다. 다만 배고프면 밥 먹고 피곤하면 잠을 자고 자다가 깨어나면 곧 정신을 차리고 내 이 한결같이 깨어있는 주인공이 필경 어느 곳에 안신입명(安身立命)하는고 하라" 하였다.

병인년 겨울에 마침내 뜻을 분발하여 임안 용수사(臨安龍鬚寺)로 들어가 스스로 맹세하였다. "일생을 버려서 하나의 어리석은 놈이 될지언정 결단코 일착자(一着者)를 분명히 하리라."

5년을 넘기고 난 어느날 함께 잠자던 도반이 목침을 밀쳐 땅에 떨어뜨리는 소리를 듣고서 확연히 크게 깨치고,

    사주에서 대성인을 친견한 것과 같고
    멀리 떠나갔던 길손이 고향으로
    돌아 온 것과 같으니
    원래 다만 옛적 그 사람이고
    옛적 행리처를 바꾼 바 없다

라고 하였다. 용수사에 머문 지 9년만에 얼기설기 나무를 엮어서 토굴을 마련하였다. 그 토굴은 바람을 막지 못하고 햇빛을 가리지도 못한 초라한 움막이었지만 겨울이나 여름이나 한 벌의 납의를 입고 부채질도 하지 않고 화로도 피우지 않고서 날마다 소나무를 찧어 미음을 끓여 연명만 했을 따름이다. 일찍이 눈이 쌓여 토굴이 파묻혀버린 채, 열흘 남짓 길이 막혀 음식을 지어 먹을 수 없었다. 사람들은 모두 선사가 죽었으리라고 생각하였다. 그러나 눈이 그쳐 선사를 찾아가자 선사는 편안히 앉아 선정(禪定)에 들어 있었다.

갑술년에는 무강(武康) 쌍계봉으로 옮겨 갔다. 이는 화암주(和庵主)와 인연을 맺어 또다시 한 층 높이 오르려는 의도였다. 배우고자 하는 사람들이 운집하였으나 암자가 비좁아

서 그들을 수용하기 어려웠다. 이에 그중에 빼어난 사람들을 뽑아서 머물도록 하였으며, 병자년 봄에는 학도들이 전란을 피하여 사방으로 흩어져 버리자 선사만이 홀로 남아 문을 닫고서 가부좌한 채 태연자약하였다. 전란이 평정되어 문을 열고 선사를 찾아보니, 이번 또한 옛날에 눈 속에 있었던 때 선정에 든 것과 같았다. 이에 선사를 찾아오는 사람은 더욱 많게 되었으며 그들을 응접하느라 여가가 없었다. 이에,

어깨 위에 주장자를 가로얹고
사람들을 돌아보지도 않은 채
곧바로 천봉만봉으로 들어 가노라

柳栗橫肩不顧人
直入千峰萬峰去.

라는 말이 있게 되었다.

 기묘년 봄에 걸망 하나를 짊어지고 밤에 몰래 천목산(天目山)으로 곧장 갔다. 서봉의 위쪽에 사자암(師子岩)이 있었는데, 그 높이는 천길이나 되었으며 깎아지른 바위들이 나무숲처럼 서 있었다. 선사는 그 곳을 좋아하여 일생을 그 곳에서 마치려는 생각을 가졌었다. 제자 법승(法昇) 등이 선사를

뒤따라 그 곳에 이르러 띠풀을 엮어서 지붕을 이어 작은 암자를 만들었는데, 얼마 안 되어 비린 냄새를 맡고 모여든 개미떼처럼 많은 문도들이 다시 모여 들게 되었다. 선사는 이에 사자암 서편 바위 동굴에다가 자그맣게 배처럼 생긴 토굴을 지어 놓으니 세로는 한 발 남짓이요, 가로는 그 절반이었다. 여기에 '사관(死關)'이라 하는 방(榜)을 내붙였는데 위에는 빗물이 새고 아래는 질퍽거렸다. 이렇듯 바람과 비를 가리울 수 없는데도 문도들의 시봉을 마다하고 의복과 용기(用器)들을 받아들이지 않았다. 몸을 씻지 아니하며 머리도 깎지 않고 깨진 옹기로 솥을 삼고 이틀만에 한 끼니의 밥을 먹으면서도 편안해 하였다. 그 동굴은 사다리 없이는 오를 수 없는 곳인데 사다리를 치워 모든 인연을 멀리 하였다. 이 때문에 비록 제자일지라도 선사를 찾아보기가 어려웠다. 그리고 삼관(三關)화두로써 학자들을 증험하였으니,

"크게 깨친 사람은 본래 생사를 초탈하는 것인데 무엇 때문에 명근(命根)을 끊지 못하는가?

부처와 조사의 공안은 다만 하나의 도리인데 무엇 때문에 밝힘과 밝히지 못함이 있는가?

대수행인은 마땅히 부처의 행을 따라야 하는데 무엇 때문에 비니(毘尼 : 계율)를 지키지 않는가?"

혹시라도 이르는 말이 계합(契合)되지 않으면 마침내 문

을 닫고 제자들을 만나지 아니 하였으므로, 스스로 큰 근기(根機)를 갖추고 큰 의지를 자부한 사람이 아니면 동굴의 벼랑만 바라보고 물러서지 않는 이가 드물었다.

설암(雪巖)이 대앙사(大仰寺)에 주석하고 있을 때 세 차례나 불렀었지만 선사는 누워서 일어나지도 않자 마침내 죽비와 불자(拂子), 그리고 "녹수(綠水)와 청산(靑山)이 같다"라는 수기어(受記語)를 전해 주었다. 이에 법을 잇고자 가슴에 향을 품고서 처음으로 사람과 하늘 앞에 향불을 올리니, 도풍이 이르는 바가 날로 더욱 멀리 전해지게 되어, 다른 지방 먼 고을에서까지 바다를 건너, 만겹 청산을 넘어 찾아온 사람들이 있었다.

학사 구제거(鶴沙 瞿提擧)가 귀의하여 공경한 지 여러 해였다. 신묘년 봄에 산에 올라서 선사의 얼굴을 우러러 보자마자 어렴풋이 지난 날 오랜 인연이 있었던 것처럼 느끼고 아낌없이 큰 전장(田莊)을 보시하여 많은 대중을 넉넉하게 해주려 하자, 선사는 "쉬운 일이 많을수록 반드시 어려움이 많게 마련이다. 나의 힘으로는 감당할 수 없다" 하여 굳게 이를 거절하니, 보시하려는 그의 마음은 더욱 두터웠다. 이에 스님들에게 이 밭에서 들어오는 세입(歲入)으로써 별도로 서쪽 봉우리 아래에 선찰(禪刹)을 세우도록 의론케 하여, 관아에 요청한 후에 선찰을 경영하려 하니 선사가 이를 따르지 않으려 하였으나 따르지 않을 수 없었다.

이에 좋은 터를 얻었는데 그 이름은 연화봉(蓮花峰)이다. 산맥과 형세는 마치 하늘과 땅이 만들어 놓은 듯 아름다웠다. 이에 대각선사(大覺禪寺)라 하는 사액(寺額)을 청해, 조옹(祖雍)에게 임시로 사원의 일을 맡아주도록 청하고, 전토는 4년 연이은 풍년이 들었으므로 경비가 10분의 3으로도 충분했다. 선사는 세간의 일을 싫어하는 마음이 있었을 뿐만 아니라 여러 해 동안 위장병을 앓으면서도 기거(起居)와 음식을 사람들에게 대접함을 일찍이 소홀히 한 적이 없었다.

을미 11월 26일에 조옹이 명초(明初)와 함께 선사를 찾아오자, 선사는 사후(死後)의 일(末後事)을 부탁하고, 마침내 두 진축(眞軸)을 취하여 2수의 찬(讚)을 불러주면서 이를 기록하도록 하였으며, 12월 초하루 새벽에 대중에게 영결을 고하였다.

"서봉이 30년 동안 망녕되이 반야를 담론하여 죄를 범한 것이 하늘에 가득하였다. 말후(末後)에 한 구절이 있으나 감히 평인(平人)들에게 누를 미칠 수 없으니 스스로 알도록 하라. 대중들이여! 또한 낙처(落處)를 아는 자 있는가?"

한참 동안 말이 없다가 다시 입을 열었다.

"털끝만큼이라도 어긋남이 있으면 하늘과 땅만큼이나 현격(懸隔)하리라."

이에 대중들이 애통해하기를 마지 않았는데 진시(辰時 : 07~09시) 사시(巳時 : 09~11시) 쯤에 이르러 게(偈)를 설하였다.

    와도 사관에 들어오지 않았고
    가도 사관을 벗어나지 않았다.
    쇠뱀이 바다를 뚫고 들어가
    수미산을 쳐서 무너뜨리도다

    來不入死關
    去不出死關
    撞蛇鑽入海
    潼倒須彌山

게를 마치시고 담담히 입적하였는데 7일 뒤 감실(龕室)을 열어보니 단정한 모습이 살아계신 듯하였다. 이에 승려와 속인이 달려와 통곡하는 사람마다 목이 메었다.

21일인 경신일에 '사관'에다가 선사의 전신을 모신 부도탑을 세웠는데, 이는 선사의 유언에 따른 것이다. 향년 58세이며 법랍은 43세이다. 제자는 채 백명이 못되었지만, 비니(毗尼)를 받은 이와 가르침을 청한 자는 수만 명이었다.

입적한 뒤 멀리 있거나 가까이 있던 사람들은 선사를 친견하여 가르침을 받들지 못한 것을 못내 한탄하여 부도 앞에서 통곡하였으며, 그 중에는 이마를 태우고 팔뚝을 불로 태우는(燃頂煉臂) 자들이 끊임없이 찾아왔다.

선사는 평소에 자비의 마음으로 사람들을 가르치는 것을 스스로 다짐하였다. 선사가 용수(龍鬚)에 주석할 때 약경(若瓊)이라 하는 승려 한 사람이 있었는데 도교(道敎)의 사첩(祠牒)을 불태우고 선사를 따르다가 뜻하지 않게 전염병을 앓게 되었다. 이에 선사는 그에게 말하였다.

"병환 중에 인연을 끊고서 지내는 것은 바로 공부하기 좋은 때이다. 네 썩어 냄새나는 몸뚱이는 다 나에게 맡겨두고, 다만 병마와 싸워나가되 결코 병마에 지지 않도록 하라."

선사는 그를 돌보면서도 깨우침을 주었는데, 그가 식초를 먹고 싶다는 것 때문에 먼 곳에까지 찾아가서 이를 구걸한 뒤, 정작 와서 보니 식초가 아닌 술이었다. 다시 이를 바꾸고자 왕복 40리 길을 마다 하지 않았는데 고작 한 모금 목을 축일 만한 것이었다. 병이 극도로 악화되어 목욕을 하려는 찰나에 탕 속에 비친 제 그림자를 굽어 보다가 곧 깨침을 얻고서 오랜 병을 훌훌 털어버리기나 하듯이 껄껄 웃었다. 이틀이 지난 뒤 글을 썼다.

36년 전도된 나
오늘에야 한바탕 좋이 웃노라.
본래 타고난 콧구멍이 확 트이니
털없는 무쇠매를 놓아 보내노라.

三十六年顚倒
今日一場好笑
娘生鼻孔豁開
放出無毛鐵鶻.

이에 선사가 물었다.
"어떤 것이 본래 타고난 콧구멍인가?"
약경 스님이 붓을 곧추 세우니 다시 물었다.
"또한 무엇을 '털 없는 무쇠매'라고 하는가?"
약경 스님은 붓을 던져 버리고 나서 입적하였다.

혹자가 나에게 묻기를, 기록한 바 하나하나 자세히 하여 대중에게 남기는 것은 무엇 때문인가.
교조(喬祖)가 말하였다.
"망실(亡失)하여 미미해진 때문에 영영 없어져 버릴까 두려워서 이를 기록한 것이다."

선사는 쌍봉(雙峰)에서 '사관'에 이르기까지 학인들을 격려하여 무시로 입실(入室)케 하였고 임종하려는 사람을 볼 때마다 상당법문으로 거듭거듭 자세히 일러 주었으며 심지어 그를 위해 슬피 울기도 하였다.

평소 사람을 가르칠 때면 세간법이든 출세간법이든 모두 간절하고 간절한 마음으로 부드럽게 말씀해 주시되 화기롭고 알기 쉽게 설하여 마치 봄바람 속에 앉아 있는 것처럼 하였다. 사람의 마음을 흠뻑 취하게 하고 기쁨으로 감복시켜 모두 스스로가 선사의 뜻을 얻었다고 생각하게 되었다. 그러나 방장실에서 3자 되는 검은 불자(拂子)를 가지고, 온 천하의 용상대덕들을 채찍질함에 있어서는 털끝만큼도 용서하지 않았으므로 찾아오는 사람들은 마치 만 길 벼랑, 가파른 산, 얼음덮인 언덕, 눈 쌓인 산등성이를 오르는 것과 같아서 나아가려 해도 의지할 곳이 없고 물러나려 해도 의거할 데가 없어서, 늠연히 그 집착한 바를 잃지 않는 자가 없었다.

설령 목숨을 아랑곳하지 않고 굳이 기봉(機鋒)을 다투는 자가 있을지라도 선사는 반드시 안관(案款)에 근거하여 끝까지 파헤치고 따져서 마치 돌을 부수어 옥덩이를 증험해 보고 뼈를 발라내어 골수를 보고서야 그의 얕고 깊음, 참과 거짓을 간파하고 그의 시비와 여탈(與奪)을 정하여 스님들의 가사를 벗겨버리고 뼈아픈 몽둥이를 내리쳐 그 상벌을 명백하고 정대하게 하였다. 일찍이 학인(學人)들에게 말하였다.
 "요즈음 사람들은 조그만 지식과 어줍잖은 깨침을 자부하여 그 때문에 이 일대사를 밝게 깨치지 못하게 되었다. 그 병폐는 어느 곳에 있는가? 다만 의심하지 않는 곳에 있다. 스스로가 1천7백 칙(則) 공안을 일할(一喝)조차 할 것이 없다고 생각하여 법상 위에 앉아 있다가, 정작 참선객이 한 번 할(喝)을 내지르면 사정(邪正)을 분별하지 못한 채 간혹 한 구절 묻고 한 구절로 대답하는 꼴이 마치 어린아이들이 서로 치고받는 듯한 모습으로서, 서로가 작은 기량으로 다투고 있다. 이는 예전에 깨친 바가 명백하지 못하였기 때문이다. 곧바로 모름지기 참선하여 크게 깨친 곳에 이르러서 직접 보고 몸소 증험하여 명백하게 차별지(差別智)를 얻어야 만이 바야흐로 사람을 감변(勘辨)할 수 있고 바야흐로 사람을 죽일 수도 살릴 수도 있다. 이는 나리 부러진 솥 속에 있는 밥을 먹는 공부로서, 쉽게 말로써 승부를 다투지 못하도록 하는 데에 이르게 하는 것이다. 만일 두 사람이 문 밖에 찾아와서 얼굴을 보이지 않은 채 동시에 '억'하고 할을 하였을 때 어느 사람에게는 안목이 있고 어느 사람에게는 안목이 없으며, 그 어느 사람의 경지는 깊고 어느 사람의 경지는 얕은가를 분별할 수 있겠는가."
 선사의 기용(機用)은 조금도 머무를 수 없으며 말을 함에 허가[認定]한 바 적었으니 그 문호의 고준함이 이와 같았다. 또 한편으론 요즘의 학인들이 계율로써 스스로의 몸가짐을 하지 않기 때문에 비록 오묘한 말씀을 하여도 학인들에게 믿음을 얻기 어렵다고 생각하여, 이에 비니방편(毗尼方便)을 베풀기도 하였다.

선사가 남축에 주석할 때 일찍이 잘못하여 죽순 하나를 밟아 부러지자 이를 취하여 먹은 뒤 옷을 팔아서 변상을 하였고, 장작을 패거나 과일을 자르다가 벌레가 보이면 다시 그대로 봉합하여 주었으며, 여수낭(濾水囊:물을 거르는 주머니)은 종신토록 버린 적이 없었다. 선사의 자질구레한 행적까지를 기록한다면 남산의 대나무에 모두 기록하여도 다 기록하지 못할 것이다. 이 때문에 몇몇 가지만을 들추어 그 개요만을 기록하는 바이니, 훗날 선사를 보고자 해도 볼 수 없는 사람들이 이 글을 본다면 선사의 유풍을 만의 하나라도 우러러 볼 수 있을 것이다.

양저(良渚)에 사는 신도 전종진(全從進)은 선사께서 삭발한 머리털을 향상자에 담아놓고 조석으로 예배를 올렸는데, 어느 날 아침에 밝은 빛이 방안에 가득하여 상자를 열어보니, 사리가 줄에 꿰어있는 구슬처럼 쌓여 있었다.

선사가 산에 은거한 전후 30년 동안 자기를 위하고 남을 위함은 오직 하나같이 진실된 마음에서 나왔으므로 천하의 사람들은 승려이든 속인이든 지혜로운 사람이든 어리석은 사람이든 위로는 공경대부 아래로는 달리는 병졸 어린아이들까지도, 그리고 선사를 알거나 모르거나 안면이 있거나 없는 사람까지도 모두가 합장한 손을 높이 이마에 올리고서, "고봉(高峰)은 고불(古佛)이며 천하의 대선지식(大善知識)이라"고 하였다.

교조(喬祖)는 선사께서 서봉에 이르러 왔을 때부터 곧바로 친견한 뒤 한 해에 혹 10여 차례 찾아 갔으며 찾아가면 반드시 열흘 남짓 오랫동안 머물면서 가르침과 경책을 받들기를 지극히 하였다. 본분감추(本分鉗鎚)를 보인 이외에도 때로는 공맹노장(孔孟老莊)의 은밀한 말과 요긴한 뜻으로써 어려운 물음을 던지며 계도해 주기도 하였다. 여기에서 선사가 그때 그때에 따라서 교화의 방편을 시설(施設)한 것을 더욱 많이 볼 수 있다.

선사는 일찍이 붓을 들어 기록한 적이 없다. 오늘날 어록에 쓰인 한 두 수의 게송과 찬(讚), 그리고 10수 편의 송고(頌古)는 모두 쌍봉(雙峰)에 있을 때 지은 것인데 제자들이 선사 모르게 기록한 글이다. 그리고 대중들에게 설법한 법어는 한 구절, 한 글자가 모두 앞서 말한 실천의 진실속에서 흘러나온 것들인데, 언어를 빌려서 도를 현양(顯揚)하였을 뿐이다. 선사의 용모는 맑고 고고하였으며 키가 크고 법도가 있었으며, 항상 머리를 수그리고 앉아 계셨는데, 도를 묻지 않으면 대답하지 않았고 남들의 허물을 말하는 소리를 들으면 머리를 더욱 수그렸다. 오랜 병환으로 몹시 수척하였는데 파옹(坡翁)이 선사의 문병을 왔다가

비파 거문고 찬바람에 뼈가 드러나고
탐탐한 늙은 범은 머리를 드리운다

瑟瑟寒風露骨
耽耽老虎垂頭

라고 하였으니, 이는 선사의 정신을 가장 잘 전하는 말이라 하겠다. 10여 년간에 두 곳의 도량을 조성하였었지만 일찍이 이를 눈여겨 본다거나 마음에 개의한 바를 조금도 찾아 볼 수 없었다. 나(喬祖)는 선사에게 가장 오랫동안 가르침을 받았고 여러 노스님과의 교분도 가장 많은 사람이다. 그러므로 선사의 출처와 언행을 자세히 알고 있다. 선사의 도제 명초(明初)로부터 선사의 행적을 기록하여 달라는 부탁을 받고 감히 용렬한 재주라는 이유를 들어 이를 사양할 수 없기에, 경건히 향불을 피우고 생각을 가다듬은 후 합장 재배하고 이를 기술하여, 장차 큰 문장가에게 묘비명을 구하고자 홍교조는 삼가 이 행장을 쓰는 바이다.

行 狀

師의 諱는 原妙요 號는 高峰이며 吳江人이라 俗姓은 徐라. 母周氏가 夢僧乘舟投宿而孕하야 宋嘉熙戊戌三月二十三日申時에 生하시니라 纔離襁褓에 喜趺坐하고 遇僧入門에 輒愛戀欲從之游러니 十五歲에 懇請父母出家하야 投嘉禾密印寺法住爲師하고 十六에 薙髮하고 十七에 受具하고 十八에 習天台敎라가 二十에 更衣入淨慈하야 立三年死限學禪이러니 一日父兄尋訪이나 巍然不顧하시니라 二十二에 請益斷橋倫하니 令參生從何來며 死從何去話케하시니라 於是에 脇不至席하고 口體俱忘하야 或如厠에 惟中單而出하며 或發函하고 忘肩鐍而去하니 時同參僧顯이 慨然曰 吾已事弗克辦인댄 曷若輔之有成가하야 朝夕護持惟謹하니라 時에 雪巖欽이 寓北磵塔이어늘 欣然懷香往扣之하야 方問訊에 卽打出閉却門이라 一再往에 始得親近하니 令看無字라 自此로 參扣無虛日이라 欽이 忽問阿誰與你拖箇死屍來오하야 聲未絶에 卽打하시니라. 如是者不知其幾나 師扣愈虔이라 値欽赴處之南明하니 師卽上雙徑하야 參堂半月에 偶夢中忽憶斷橋室中所擧萬法歸一歸何處話하야 疑情頓發이라 三晝夜에 目不交睫이러니 一日少林忌에 隨衆詣三塔하야 諷經次에 擡頭忽覩五祖演和尙眞讚云 百年三萬六千朝에 返覆元來是遮漢이라하고 驀然打破拖死屍之疑하니 其年二十四矣라 解夏詣南明하니 欽이 一見便問하되 阿誰與你拖箇死屍到遮裏오 師便喝하니 欽이 拈棒이어늘 師把住云, 今日打某甲不得이니다 欽이 曰 爲甚麼打不得고 師拂袖便出하니라.

翌日에 欽이 問, 萬法歸一하니 一歸何處오 師云 狗舐熱油鐺이니다
欽曰你那裏學遮虛頭來오 師云 正要和尙疑著이니다 欽休去하시니라
自是로 機鋒不讓하니라 次年에 江心度夏하고 迤邐由國淸過雪竇하
야 見西江謀希叟曇하고 寓旦過러니 曇이 問曰 那裏來오 師抛下蒲
團하니 曇曰 狗子佛性을 你作麼生會오 師云 抛出大家看하소서 曇
이 自送歸堂하니라 曁欽挂牌於道場하고 開法於天寧에 師皆隨侍服
勞할새 屢將有所委任에 辭色毅然하야 終不可強이라 一日에 欽이
問曰間浩浩時에 還作得主麼아 師云 作得主니다 又問睡夢中에 作
得主麼아 師云 作得主니다 又問正睡著時엔 無夢無想하며 無見無
聞이어늘 主在甚麼處오 師無語하니 欽이 囑曰 從今日去로 也不要
汝學佛學法이오 也不要汝窮古窮今이라 但只飢來喫飯하고 困來打
眠하되 纔眠覺來에 却抖擻精神하고 我遮一覺 主人公이 畢竟在甚
麼處安身立命고하라 丙寅冬에 遂奮志入臨安龍鬚하야 自誓曰 拚一
生做箇癡獃漢이언정 決要遮一著子明白하리라 越五載에 因同宿友推
枕墮地作聲에 廓然大徹하고 自謂如泗州見大聖하고 遠客還故鄕이라
元來只是舊時人이오 不改舊時行履處로다 在龍鬚九年에 縛柴爲龕
하니 風穿日炙라 冬夏一衲으로 不扇不爐하며 日搗松和糜하야 延息
而已라 嘗積雪沒龕하야 旬餘路梗絶烟火하니 咸謂死矣러라 及霽可
入하니 師正宴坐那伽라 甲戌에 遷武康雙髻峰하니 蓋和庵主攀緣하
야 又上一稜層之意也라 及至學徒雲集이나 然이나 庵小難容하야 乃
拔其尤者居之하니라 丙子春에 學徒避兵四去나 師獨掩關하야 危坐
自若이러니 及按堵啓戶視師하니 則又疇昔雪中之那伽也라 於是에

戶屨彌夥하야 應接不暇일새 乃有榔栗橫肩不顧人하고 直入千峰萬峰去之語라 己卯春에 腰包宵遁하야 直造天目하시니라 西峰之肩에 有師子巖하니 拔地千仞이요 崖石林立이라 師樂之有終焉之意라 弟子法界等이 追尋繼至하야 爲葺茅蓋頭러니 未幾에 慕羶之蟻復集하니 師乃造巖西石洞하야 營小室如舟하니 從以丈이요 衡半之라 榜以死關하니 上溜下淖라 風雨飄搖하고 絶給侍 屏服用하며 不澡身 不薙髮하고 截甕爲鐺하야 併日一食하되 晏如也라 洞非梯莫登이어늘 撤梯斷緣하니 雖弟子라도 罕得瞻視라 乃有三關語하야 以驗學者云 大徹底人은 本脫生死어늘 因甚命根不斷고 佛祖公案은 只是一箇道理어늘 因甚有明與不明고 大修行人은 當遵佛行이어늘 因甚不守毗尼오 倘下語不契면 遂閉門弗接하니 自非具大根負大志면 鮮不望崖而退라 雪巖이 方住大仰에 凡三喚하시되 師堅臥不起하니 遂有竹篦塵拂과 及綠水靑山同一受記語來授師라 懷中瓣香하야 始於人天前拈出하니 道風所屆에 日益遠하야 遂有他方異域과 越重海踰萬山而來者矣라 鶴沙瞿提擧가 歸敬有年이라 辛卯春에 得登山一瞻師顔하고 怳如宿契하야 惠然施巨莊瞻海衆이나 師曰 多易必多難이라 吾力弗克勝이라 하고 堅拒之하니 施心彌篤하야 乃命僧議하야 以此田歲入으로 別於西峰建一禪刹하야 請於官而後營之하니 師欲不從이나 不可得也라 爰得勝地하니 名蓮花峰이라 岡脈形勢가 天造地設이라 得請以大覺禪寺爲額하고 請祖雍權管寺事하니 田四稔이라 所營도 亦旣什三이나 師有厭世之心矣니라 師患胃疾已數年이나 然起居飮食과 待人接物에 皆未嘗廢라 乙未十一月二十六日에 祖雍偕明初

來省師하니 師竟以末後事로 付囑하고 遂取兩眞軸하야 口占二讚하야 乃書之하고 十二月初一日黎明에 辭衆云西峰三十年妄談般若하야 罪犯彌天이라 末後有一句子나 不敢累及平人하니 自領去也어다 大衆아 還有知落處者麼아 良久云 毫釐有差면 天地懸隔이니라 衆皆哀慟不已라 至辰巳間하야 說偈曰 來不入死關이오 去不出死關이라 鐵蛇鑽入海하야 撞倒須彌山이라 하고 泊然而寂하시니라 啓龕七日에 端然如生하니 縞素奔哭者塡咽이라 越二十一日庚申에 塔全身於死關하니 遵遺命也니라 壽五十八이요 臘四十三이며 弟子僅百人이나 受毗尼及請益者는 數萬人이라 示寂後에 遠邇之人이 恨不得承顏領誨하야 於塔前慟哭하고 然頂煉臂者 猶憧憧不絶이라 師平日에 以慈悲爲人自任이라 其在龍鬚也에 有僧若瓊이 焚祠牒從師라가 忽染病하니 師告之曰 病中絶緣은 正好做工夫라 汝臭皮袋는 皆委之於我하고 但和病涯去하야 決不相賺하라 且往供給而啓發之하니 因其思醋에 爲遠乞以歸하니 得酒焉이라 復易之하려하야 往返四十里에 以濟其一啜이라 病亟索浴에 俯見湯影이라가 卽有省하고 喜笑如脫沈痾라 信宿에 書曰 三十六年顚倒라가 今日一場好笑라 娘生鼻孔豁開하야 放出無毛鐵鷂로다 師問如何是娘生鼻孔고 瓊豎起筆하니 師曰 又喚甚麼作無毛鐵鷂오 瓊擲筆而逝하니라 或有問予所紀詳一而遺衆은 何也오 喬祖曰 被亡而晦에 恐逸故書니라 師自雙峰而至死關하야 風勵學者하되 入室不以時하고 每見一期將終에 上堂誨示諄諄하야 甚至繼以悲泣하고 平居誨人하되 世出世法에 皆懇懇切至하야 軟語咄咄和易하야 如坐春風中하야 使人醉心悅服하시니 咸自

謂得師意러라 及室全中握三尺黑蚖하야 鞭笞四海龍象하야는 則絲毫無少容借일새 來者如登萬仞山에 而躋冰崖雪磴하야 進無所依하고 退無所據하야 莫不凜然失其所執이라 設有不顧性命하고 强爭鋒者라도 師必據其案款하야 盡底搜詰하야 破石驗璞하고 刮骨見髓하야 勘其深淺眞僞하고 定其是非與奪하야 卸僧伽黎하고 痛決烏藤하야 以明正其賞罰하시니라 嘗語學者曰 今人은 負一知半解하야 所以不能了徹此事者니라 病在甚處오 只爲坐在不疑之地니라 自謂千七百則公案이 不消一喝이라가 坐却曲彔牀子하야 及乎被參徒下一喝하면 則不能辯其邪正하고 往往一句來 一句去가 如小兒相撲하야 伎倆相角은 蓋是從前得處奔鹵故也니라 直須參到大徹之地하야 親見親證하야 明得差別智하야사 方能勘辨得人이오 方能殺活得人이리니 此是喫折脚鐺中飯底工夫라 做到未易以口舌爭勝負也니라 假如兩人이 從門外來하야 未見其面하고 同時下一喝하면 且道하라 那一箇有眼이며 那一箇無眼이며 那一箇深이며 那一箇淺고 還辨得出麼아 師之機用은 不可湊泊이오 下語少所許可하니 其門戶險絶如此니라 復念今時學者는 不能以戒自律하고 縱有妙語라도 亦難取信於人일새 乃有毗尼方便之設焉이니라 師寓南竺日에 嘗誤踏一筍하야 取而食之하고 其後賣衣告償하며 析薪擘果見蟲하면 復全而置之하며 瀘水囊을 終身不廢라 師之細行은 涅南山之竹이라도 莫能殫일새 姑擧是數端하야 以識其梗槪이니 使後之欲見師而不可得者로 覽斯文이면 亦足以景仰遺風於萬一云耳니라 良渚信士仝縱進이 得師所翦髮하야 盛以香龕하야 朝夕供禮러니 一旦에 光明徧室이라 視龕中하니 舍利纍

纍如貫珠라 師隱山前後三十年에 爲己爲人이 惟其一出於眞實이라 故로 天下之人은 若僧若俗과 若智若愚와 上而公卿士夫와 下及走卒兒童과 識與不識과 知與不知가 皆合手加額曰高峰은 古佛이며 天下大善知識也라하니라 喬祖는 自師至西峰으로 卽往參覲하고 歲或十餘往이라 往必留旬浹하야 承敎詔警策者至矣니라 示本分鉗鎚外에 時以孔孟老莊微言要旨로 立難問而啓迪之하시니 益見師隨機設化之方也라 師未嘗握管이어늘 今語錄中有一二偈讚과 十數頌古는 皆雙峰時所作을 爲弟子竊記者니라 乃若示徒之語의 一句一字는 皆前所謂踐履眞實中流出이요 假言以顯道而已니라 師貌淸古하고 體修律하며 常俛首而坐하고 非問道不答하며 聞說人過하면 則首愈低라 久病癯甚이러니 坡翁이 省大禪師病하고 有云瑟瑟寒風露骨이요 耽耽老虎垂頭라하니 殆爲師傳神也니라 十數年間에 兩處成道場이로되 而未嘗過目少于懷焉하니라 喬祖 從師游最久오 交諸耆舊最多라 故知師之出處言行最詳이니라 師之徒弟明初이 以掇集之事見囑하고 不敢以才譾辭일새 敬焚香滌慮하고 拜手以述하야 將求銘於大手筆云이라〈洪喬祖〉는 謹狀하노라.

탑명(塔銘)

전 조청대부 미산가 지손 지음
(前 朝請大夫 眉山家 之巽 撰)

공자의 도는 분발하지 않으면 가르쳐주지 않고 부처님의 도는 용맹심이 아니고서는 정진할 수 없으니 도란 참으로 쉽게 알 수 없는 것이다.

옛 스님들이 깊은 산 그윽한 숲속에 살면서 풀잎으로 옷을 삼고 나무 열매를 먹으며 그 몸과 마음을 식어버린 재와 장벽처럼 하되 후회하지 않는 것은 일대사(一大事)를 해결하기 위해서였다. 후일 참으로 이 일대사를 해결한 이는 천만인 가운데 한 사람 있으니 고봉 스님이 바로 그 사람이라 하겠다.

선사의 이름은 원묘(原妙)이며 오강(吳江) 서씨(徐氏)의 아들인데 어머니가 수척하고 청수한 스님이 찾아오는 꿈을 꾸고서 선사를 낳았다. 어려서부터 가부좌하기를 좋아하였고 장성하자 가화 밀인사(嘉禾密印寺)의 노스님 법주(法住)

에게 출가하여 천태교를 익혔다. 그러나 계합되지 않자 정자사(淨慈寺)로 들어가 사한(死限)을 세우고 참선을 할 적에 허리를 자리에 붙이지 않고 음식을 먹되 맛을 몰랐다. 단교묘륜(斷橋妙倫) 선사를 친견하니 "날 적에는 어디에서 왔으며 죽으면 어디로 가는가"라는 화두를 참구하게 하였다.

그리고 설암 조흠(雪巖祖欽) 선사를 친견하니 스님에게 '구자무불성(狗子無佛性)' 화두를 참구케 하였으며 또한 "무엇이 너의 송장을 끌고 왔는가"라고 묻고서 대답하면 곧바로 몽둥이로 내리쳤다.

일찍이 "만법은 하나로 돌아가는데 그 하나는 어디로 돌아가는가"라는 화두를 의심하다가 쌍경사(雙徑寺)의 오조진찬(五祖眞讚)을 보고서 비로소 의심이 풀리게 되었다.

조흠(祖欽) 선사를 따라 남명사(南明寺)에 이르니 조흠 선사는 예전에 물었던 화두를 다시 물었다. 선사가 '억!'하고 할(喝)을 하자 조흠 선사가 주장자를 들었다. 이에 선사가 주장자를 붙잡고서 말하기를, "오늘은 저를 때리지 못할 것입니다." 하고서 소매자락을 떨치고 곧장 밖으로 나가버렸다. 그 이튿날 아침 조흠 선사가 다시 만법귀일(萬法歸一)의 화두를 물으니 선사가 말하기를, "개가 뜨거운 기름솥을 핥는다."라고 답하였다. 이후로부터는 기봉(機鋒)을 당하여 사양한 적이 없었다. 얼마 후 설두사(雪竇寺)를 지나가다가 서강의 모희수담(西江 謀希叟曇) 선사를 친견하고 다시 조흠 선사를 따라 삽주(霅州)도량으로 가니 조흠 선사는 당시 입승(立僧)으로 있었다. 그와 함께 천령사(天寧寺)로 가자 그에게 소임을 맡기려고 하니 귀를 막고서 돌아보지도 않았다.

조흠 선사가 일찍이 묻기를 "날마다 복잡한 때에도 주재(主宰)가 되느냐?"하니 선사가 대답하기를 "주재가 됩니다."라고 하니, "꿈 속에는 어떠한가?"하였다. 선사가 "꿈 속에서도 주재가 됩니다." "바로 잠이 들었을 때에는 꿈·생각·봄·들음조차도 없는데 그 주재는 어느 곳에 있는가."라고 하니 선사가 말이 없자 조흠 선사가 부촉하여 말하기를, "오늘 이후로부터 너에게 부처를 배우고 법을 배우라고 꾸짖지 않을 것이다. 다만 배고프면 먹고 피곤하면 잠을 자되 잠이 깨면 곧 정신을 차리어 이 즈음에 주인옹(主人翁)이 필경 어디에 있는가를 보아야 할 것이다."라고 하였다. 이 말에 선사는 더욱 경책하고 각성하였다.

함순(咸淳) 병인년 겨울에 용수산(龍鬚山)에 들어가 섶 위에 눕고 솔잎을 먹으며 바람과 햇빛을 가릴 수도 없는 곳에 살면서 이 일착자(一着子:本分道理)를 명백히 하고자 맹세하였다. 5년이 지난 어느날 밤 목침을 밀쳐 땅에 떨어뜨리는 소리를 듣고서 확연히 크게 깨쳤다. 그 당시 폭설이 내려 길이 끊긴지 여러 날이었으므로 사람들은 선사가 이미 돌아가셨으리라고 생각하였다. 눈이 그쳤을 때 찾아가 보니 선사는 여전히 좌선한 채로 있었다.

갑술년에 무강 쌍계봉(武康雙髻峰)으로 옮겨갔으며 덕우(德祐) 병자년 봄에는 적병이 침략해 오자 20일 동안 음식을 먹지 못했으면서도 곧게 앉아 움직이지 않았다. 난이 평정되자 찾아오는 사람이 많았다. 기묘년 봄에 많은 사람을 피하여 서쪽으로 천목산 사자암(天目山師子巖)에 들어가 바위 동굴에 작은 토굴을 마련하니 한 발(一丈)남짓 되었다. 여기에 사관(死關)이라는 방(榜)을 내걸고 시자(侍者)와 필요한 물건까지도 모두 물리치고 깨진 옹기로 솥을 삼아 이틀만에 한 끼니만 먹었다. 동굴은 사다리를 놓고서야 겨우 오를 수 있었으니 제자들조차도 선사를 찾아보기가 어려웠다.

선사가 사자원(師子院)을 마련하여 거처할 때 삼관어(三關語)로써 대중에게 보이기를,

"크게 철저하게 깨친 사람은 본래 생사를 초탈하는 것인데 무엇 때문에 명근(命根)을 끊지 못하는가?

불조(佛祖)의 공안은 다만 하나의 도리인데 무엇 때문에 밝힘과 밝히지 못함이 있는가?

대 수행인은 마땅히 부처의 행을 따라야 하는데, 무엇 때문에 계율을 지키지 않는가?"

라고 하여 이 말에 계합되지 못하면 곧 문을 닫고서 받아 들이지 않았다.

그때 조흠 선사가 죽비(竹篦)와 불자(拂子)와 법어(法語)를 보내오자 향을 피우고 법을 이으니 도(道)의 명망은 날로 융성하여 먼 곳에서까지도 도를 묻고자 찾아오는 사람이 끊이지 않았다. 운부(運副: 官名 漕運副使) 학사(鶴沙: 地名 겸 號) 구정발(瞿霆發)이 선사를 존경하고 사모하여 한번 친견한 뒤에 기연(機緣)이 계합되어 곧 전장(田莊)을 보시하려고 하였지만 선사는 굳이 사양하여 받지 않았다. 이에 보시하려는 그의 마음은 더욱 견고하여져서 제자에게 그의 밭에다 별도로 하나의 사찰을 세워서 운영하게 하였다. 그리하여 연화사(蓮華寺)를 세웠으니 사자암(師子巖)과의 거리는 10리 정도된다. 관청에 청하여 대각선사(大覺禪寺)라는 편액을 받고 조옹(祖雍)에게 사찰의 일을 맡아보게 하였다.

을미(乙未)년 11월 27일에 스님은 문득 두 진축(眞軸: 眞影)에 글을 써서 명초(明初)와 조옹(祖雍)에게 뒷일을 부촉하였으며, 12월 초하룻날 법좌에 올라가 말하기를 "서봉(西峰)이 30년 동안 망령되이 반야를 말하여 죄를 범함이 하늘에 가득하였다. 말후일구(末後一句)는 감히 그 허물을 평인들에까지 미치게 할 수 없으니 스스로 알도록 하라. 대중(大衆)들이여! 또한 그 낙처(落處)를 아는 자 있는가?" 한참 있다가 말하기를, "터럭끝 만큼이라도 어긋남이 있으면 하늘과 땅처럼 현격(懸隔)하리라."하고서 별도로 게송을 썼다. "와도 사관(死關)에 들어오지 않았고, 가도 사관(死關)을 벗어나지 않았다. 쇠 뱀이 바다를 뚫고 들어가 수미산(須彌山)을 쳐 무너뜨리도다."하고는 고요히 입적하였다. 경신일에 유언을 받들어 전신(全身)을 사관에 안장하였다.

선사는 가희(嘉熙) 무술 3월 23일에 태어났고 세수 58세이며 법랍 43세이다. 제자가 백여 인이며 계를 받고 친히 도를 물었던 사람은 만여 명이다. 멀고 가까운 곳에서 많은 사람이 달려와 향불로 팔뚝과 정수리를 태우며 통곡하여 목이 메였다. 선사는 청명하고 고담(枯淡)하여 독실한 뜻으로 도를 구하여 단박에 깨친 후에 깊은 산속으로 들어가 한 걸음도 나오지 않고 안으로는 마음에 헐떡거림이 없게 하고 밖으로는 모든 인연을 쉬어서 흔연(欣然)히 자득(自得)하였다. 그 인품은 지극히 자비로웠으며 부지런하고 정성스럽게 사람을 가르쳤다. 그리고 말을 잘하고 화기롭고 까다롭지 않았으며, 혹은 남을 위하여 계속 울기도 하였다.

그러나 방장실에서 조사의 법령을 행함에 있어서는 용상대덕(龍象大德)을 채찍질하여 끝까지 살피어 조금도 용서하지 않았다. 일찍이 학자들에게 경계하되 "오늘날 사람들은 보잘것 없는 지식을 자부하여 깨치지 못하고, 참구하는 이들이 따져 물으면 망연히 사정(邪正)을 분변하지도 못하고, 한 마디 한마디 주고 받는 것이 마치 어린애들이 치고 받고 싸우는 것과 같은 것은 깨침을 얻은 것이 분명하지 못한 때문이다. 모름지기 크게 깨쳐 친히 보고 친히 증득하여 명백하게 차별지(差別智)를 얻어야만 바야흐로 살활(殺活)을 감변할 줄 알 것이다." 하였으니 기연(機緣)이 험준하여 머무를 수 없음이 이와 같았다.

더욱이 자그마한 행실까지도 조심하여 계율을 숭상하였다. 선사는 비록 두 곳의 사찰을 창건하였지만 눈여겨 보지도 않았다. 선사의 실천과 앎의 진실은 강호에 명성을 떨쳤으므로 모든 사람이 이마에 손을 모으고 찬탄하되 '고불 선지식(古佛 善知識)'이라고 하였다.

나는 약관의 나이에 무준(無準) 스님을 따라 교유하였는데 선사는 무준 스님의 손자이다. 사원(寺院)을 창건하여 전장(田莊 : 터전)을 마련하고 두 차례나 나에게 기문(記文)을 부탁한 바 있었다. 내가 마음속으로 허락한 지 오래였다. 그의 모든 제자들이 행장을 가지고 찾아와 명(銘)을 구하는데 어찌 이를 사양할 수 있겠는가.

명은 다음과 같다.

고봉(高峰)이 드높이 우뚝 솟으니

조(祖)와 손(孫)이 한 법(一律)이로다.
약관(弱冠)도 안된 나이 도를 구하여
오래도록 힘써서 참됨 쌓았네.
고요한 빈 산중 밤은 맑은데
홀연히 땅을 치는 목침 소리여
도(道)에 드는 현관(玄關)이 확연히 열리니
온 우주가 전에 없이 새로워졌네.
만법이 하나로 돌아가는데
그 하나는 어디로 돌아가는가.
뜨거운 기름솥을 핥는다는 한 구절에
대지가 일어나 춤을 추도다.
서쪽 봉우리 사자암(師子巖) 사관(死關)에서
서른 해 남짓 동안 기거하는데
구름에 휩싸이고 눈을 덮어 쓰고서
벗들이 문앞에 찾아오도다.
실오라기 하나 걸 수도 없는
만 길이나 되는 저 절벽이여,
가까워도 머무르기 어려웁고
멀어서 그곳에 나아갈 수 없어라.
납자(衲子)의 명근(命根)을 끊어버리고
불조(佛祖)의 마음을 깨달았도다.

중첩한 구름을 손으로 헤쳐내니
맑게 갠 달빛이 온 숲에 가득하네.
쇠로 된 뱀이 바다에 들어가니
허공이 온통 부서지도다.
나 이제 비석에 시를 지으니
있는 것도 아니고 없는 것도 아니어라.

塔 銘

前 朝請大夫 眉山家 之巽 撰

夫子之道는 不憤悱則不啓發이요 瞿曇之道는 不勇猛則不精進이니 道固木易知也니라 古之釋子가 山棲林巢하며 草衣木食하야 死灰牆壁其身心而不悔者는 爲一大事耳니라 後之眞能爲大事者는 千萬人一人이니 高峰是已니라 師名은 原妙며 吳江徐氏子라 母夢幢僧而娩이라 幼嗜趺坐러니 稍長에 從嘉禾密印寺老宿法住出家하야 習天台教라가 不契에 入淨慈立死限學禪할새 脇不席하고 食不味하니라 見斷橋倫하니 令參生從何來며 死從何去오하며 見雪巖欽하니 令參狗子無佛性하고 且問誰拖汝死屍來오하야 應聲卽棒이라 嘗疑萬法歸一 一歸何處러니 見雙徑五祖眞讚하고 疑始泮이라 從欽南明하니 欽申

前問이어늘 師喝하니 欽拈杖에 師把住云 今日에 打某甲不得이라 하
고 拂袖徑出하니라 翌旦에 欽又問萬法歸一話하니 師云 狗舐熱油鐺
이라 하니라 自此로 當機不遜하니라 尋過雪竇라가 見西江謀希叟曇하
고 復從欽豐之道場하니 欽時居立僧이라 與偕赴天寧하니 欲浼以事
어늘 掩耳不顧하니라 欽嘗問日間浩浩에 作得主麼아 師云 作得主니
다 夢中何如오 云 作得主니다 正睡著時無夢想見聞에 主在甚處오
師無語하니 欽囑云 從今不責汝學佛學法이라 只飢飯困眠하고 纔覺
抖擻精神하야 看此際主人翁竟何在오하라 師益警省하니 咸淳丙寅
冬에 入龍鬚山하야 臥薪飯松하고 風鏖日搏하되 誓欲一著子明白이
러니 越五載하야 中夜推枕墮地有聲에 廓然大悟하니라 會積雪路絶
數日에 人謂師已矣러니 雪霽에 宴坐如初라 甲戌에 遷武康雙髻峰하
고 德祐丙子春에 大兵至에 師絶食兼旬이로되 危坐不動하고 事定에
戶屨紛至하니라 己卯春에 避入西天目之師子巖하야 卽石洞하야 營
小室하니 丈許라 榜曰死關이라하고 悉屛給侍服用하고 破甕爲鐺하야
倂日一食하니라 洞梯山以升하니 弟子罕面이라 其築師子院以居에
有三關語하야 示衆云大徹底人은 本脫生死어늘 因甚命根不斷고 佛
祖公案은 只是一箇道理어늘 因甚有明與不明고 大修行人은 當遵佛
行이어늘 因甚不守毗尼오하야 弗契면 卽拒戶不納하니라 會에 欽이
寄竹篦拂子法語하시니 瓣香拈出에 道價日隆하야 遠方異域이 問道
踵接이라 運副鶴沙瞿君霆發이 敬慕師하야 一見機契하야 卽捨田莊
爲供이나 師辭不受하시니 君捨心益堅하야 俾其徒以田別建一利食이
라 卜蓮華하니 距巖可十里니라 請於官하야 扁大覺禪寺하고 以祖雍

攝寺事하니라 乙未子月二十七日에 師忽書二眞軸하야 以後事로 囑
明初祖雍하고 臘朔上堂云西峰三十年妄談般若하야 罪犯彌天이라
末後一句는 不敢累及平人이니 自領去也어다. 大衆아 還有知落處者
麼아 良久云 毫釐有差면 天地懸隔이라 하고 別書偈云 來不入死關
이요 去不出死關이라 鐵蛇鑽入海하야 撞倒須彌山이라 하고 泊然而
逝하시니라 庚申奉遺命하야 全歸死關하니라. 師嘉熙戊戌三月二十三
日生하고 壽五十八이요 臘四十三이라 弟子百人이요 受戒請益者는
萬數라 遠近奔赴하야 燃香臂頂하고 慟哭塡咽하니라 師淸明枯淡하고
篤志求道하야 頓悟之後에 屛居窮山하고 跬步不出하야 內心無喘하
고 外息諸緣하야 欣然自得하며 爲人至慈하야 勤懇誨人하며 善語和
易하야 或繼以泣이로되 及至室中行祖令하야는 鞭策龍象하야 盡情勘
覈하야 絲粟無貸하며 嘗戒學者하되 今人은 負一知半解하야 不能了
徹이라 參徒一詰에 茫然莫辨邪正하야 句來句去가 如手搏兒는 蓋得
處鹵莽故也니라 直須大徹하야 親見親證하야 明得差別智라야 方解
勘辨殺活이라하시니 機用嶮峻하야 不可湊泊이 如此니라 尤矜細行하
야 崇戒律하며 雖創兩刹이나 目未嘗覩라 師行解眞實이 名震江湖하
야 識與不識이 皆手額讚歎曰 古佛善知識也라 하니라 余弱冠에 從
無準翁游하니 師는 準의 孫也니라 創院立莊하고 兩囑以記하니 心降
久矣라 諸徒持事狀求銘이어늘 烏得辭리오 銘曰

　　高峰屹立하니 祖孫一律이라 妙年求道하야 力久眞積이로다
　　空山夜澄에 撲地枕聲이여 玄關劃開하야 宇宙斬新이로다
　　萬法歸一하니 一歸何處오 熱油一句에 大地起舞로다

西峰死后에 餘三十齡하니 雲包雪笠으로 朋來於門이로다
一絲不挂의 萬仞如壁이여 近不可泊이오 遠不可卽이로다
斷衲子命하고 了佛祖心이라 手抉重雲하니 霽月千林이로다
鐵蛇入海하니 虛空百碎라 我作銘詩하니 無在不在로다